AF476314

TABLEAU
DES
PROCÈS CRIMINELS
REVISÉS

DEPUIS FRANÇOIS Ier JUSQU'A NOS JOURS

AVEC DES NOTES EXPLICATIVES

PAR

M. JULES BONNET

AVOCAT A LA COUR IMPÉRIALE DE PARIS

PARIS

LIBRAIRIE DE A. DURAND ET PEDONE LAURIEL

RUE CUJAS, 9 (ANCIENNE RUE DES GRÈS)

1867

TABLEAU

DES

PROCÈS CRIMINELS REVISÉS

PARIS. — IMPRIMERIE DE E. DONNAUD,

9, RUE CASSETTE, 9.

TABLEAU

DES

PROCÈS CRIMINELS

REVISÉS

DEPUIS FRANÇOIS Ier JUSQU'A NOS JOURS

AVEC DES NOTES EXPLICATIVES

PAR

M. JULES BONNET

AVOCAT A LA COUR IMPÉRIALE DE PARIS

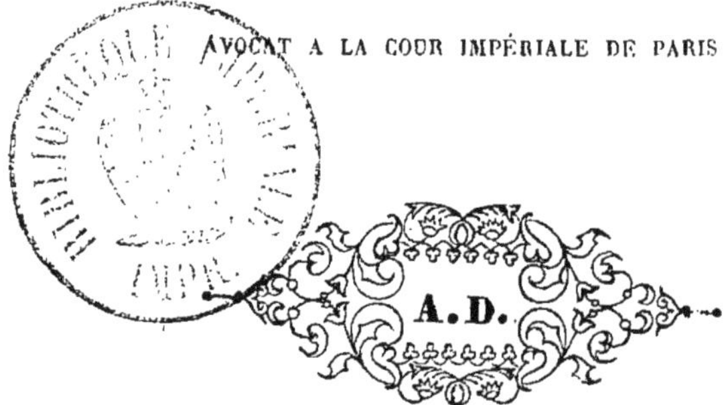

PARIS

LIBRAIRIE DE A. DURAND ET PEDONE LAURIEL

RUE CUJAS, 9 (ANCIENNE RUE DES GRÈS)

1867

PRÉFACE.

Ce livre est le fruit de longues et minutieuses recherches. Pour le composer, j'ai fouillé dans les historiens, dans les manuscrits de la Bibliothèque impériale, qu'on a bien voulu me communiquer, dans les recueils judiciaires de plusieurs siècles. Tel que je le donne, je le crois utile à l'administration de la justice. L'erreur est le partage de l'homme, les lumières les plus vives ne peuvent toujours en préserver. Mais s'il y a des erreurs inévitables, il en est qu'on peut éviter, et c'est à ce point de vue qu'il est bon de rechercher ce qui a pu tromper nos prédécesseurs. Les condamnations imméritées ont été souvent la faute des lois, mais quelquefois aussi elles ont été la faute des hommes. Il faut se méfier de tout; on verra dans ce recueil des victimes qui persistaient à reconnaître d'autres que les vrais coupables; on y verra une femme qui s'est reconnue coupable du plus horrible crime pour éviter les angoisses d'une prison.

Me reprochera-t-on d'avoir nui au respect pour la magistrature en signalant ses erreurs ou celles du jury? Ce reproche ne serait pas fondé. Quiconque partira de ce point : *L'erreur est le partage de l'homme*, s'étonnera au contraire que les siècles n'aient pas révélé un plus grand nombre d'injustes condamnations.

Depuis cinquante ans, je vois fonctionner la

magistrature, et personne plus que moi ne rend hommage à son impartialité, à son respect de la loi, à son désir de sauver l'innocence.

Mais, il faut le reconnaître, l'égalité devant la loi est difficile à atteindre. Elle a fait beaucoup de progrès, mais il est difficile qu'elle soit entièrement observée ; il faudrait que tous les procès fussent instruits et jugés par les mêmes juges, dans les mêmes conditions et avec le même degré d'instruction ; il faudrait encore que la défense ne fût pas confiée à des hommes plus habiles les uns que les autres.

Ne nous confions donc pas trop à une législation plus humaine, plus sage qu'elle ne le fut autrefois.

Consultons souvent les annales judiciaires pour y voir et pour comprendre d'où ont pu venir des égarements funestes. Étudions bien le caractère d'un prévenu, surveillons bien les témoignages qui l'accusent ; surtout ne nous piquons pas d'une *folle vitesse*, redoutons l'erreur plus que la fatigue.

NOTA. — Le manuscrit qui m'a fourni des pièces intéressantes et inédites sur le procès du connétable de Bourbon appartient à la collection de Brienne, n° 184, in-folio.

TABLEAU

DES

PROCÈS CRIMINELS REVISÉS [1]

1523. — 1527.

—

Procès du connétable de Bourbon.

Je regrette de commencer ce recueil par le récit d'un procès qui amena une révision demandée ou plutôt commandée à la France par un souverain étranger.

Qui ne connaît l'histoire de François Ier [2] et celle du connétable de Bourbon, les services rendus par ce grand guerrier, surtout à la bataille de Marignan, sa puissance, l'étendue de ses domaines, sa dépense, son faste insolent qui paraît avoir offensé François, comme celui de Fouquet offensa depuis Louis XIV?

Au dire de Charles de Bourbon, le roi lui avait retiré l'épée de connétable, lorsqu'il avait donné au duc d'Alençon le commandement général de l'armée.

Un autre grief se joignit bientôt au premier. Le connétable avait épousé Suzanne de Bourbon, sa parente et fille d'Anne de Beaujeu. Suzanne mourut sans enfants, laissant une donation universelle de ses biens au profit de son époux. La duchesse d'Angoulême, animée, dit-on, par un amour méprisé, disputa ce grand patrimoine au connétable; il s'agissait, dit Gaillard, historien de François Ier, de la possession de plusieurs provinces : le Bourbonnais, l'Auvergne, la Marche, le Beaujolais, la principauté de Dombes, sans compter une multitude d'autres seigneuries titrées et considérables.

Ce procès indigna le connétable. Il paraît qu'il irrita aussi sa belle-mère, Anne de France, et si l'on en croit la déposition de l'évêque d'Autun dans le procès dont nous allons parler, Anne de France à son lit de mort dit à son gendre : « Mon fils, je vois bien qu'il est fait » de moi ; je n'ai point de regret au » monde, puisque je meurs en votre com- » pagnie. Considérez que cette maison de » Bourbon a été alliée de la maison de » Bourgogne et durant ladite alliance elle » a toujours fleuri et été en prospérité, » et voyez à cette heure-ci les affaires » que nous avons et le procès qu'on nous » met sus qui ne procède que à faute d'al- » liance. Je vous prie et commande que » vous preniez l'alliance de l'empereur et » me promettiez d'y faire toutes les di- » ligences que vous pourrez et j'en » mourrai plus à mon ayse. » D'un autre côté, l'ambassadeur d'Espagne, lorsqu'il était en France, avait dit au connétable (toujours selon le même témoin) : « Mon- » sieur, vous êtes bien en la grâce du roy

» dont je suis bien aise, mais je vous ad-
» vise qu'il n'est pas le seul qui vous aime.
» L'empereur mon maître vous aime
» bien : ledit empereur mon maître a une
» sœur, si vous y voulez entendre, j'ai
» charge de vous en parler.

Bourbon trouvant tant de rigueur d'un côté, tant de séduction de l'autre, entouré d'ailleurs de mauvais conseils, prêta l'oreille aux propositions de Charles-Quint. Elles étaient magnifiques. Avec 200,000 écus de dot, somme énorme à cette époque, l'empereur promettait la main de sa sœur Aliénor, veuve du roi de Portugal, ou celle de son autre sœur Catherine. Bourbon devait rallier et conduire à l'ennemi le plus de gentilshommes qu'il pourrait. A cet égard son attente fut déçue ; très-peu le suivirent. Aussitôt que François aurait quitté la France pour s'engager dans la campagne d'Italie, l'empereur entrerait dans le royaume avec 50,000 lansquenets ; d'un autre côté et au nord le roi d'Angleterre devait débarquer des troupes amenées par un grand nombre de navires. Si François ne connaissait pas bien clairement ce qui se tramait, il le pressentait du moins. Il ne voulait pas sortir de France sans être accompagné du connétable à qui il rendait son rang dans l'armée : celui-ci persistant dans ses projets désarma le roi par une demi-confidence et par des protestations de fidélité. Puis, pour éviter de le suivre, il feignit d'être malade, se mit au lit, prit des consultations de médecins. François épiait tous ses pas et ne croyait pas qu'il pût lui échapper, mais un déguisement habile fit perdre sa trace, il arriva en Franche-Comté.

Le procès criminel commença donc ; il y avait dix-neuf accusés contumaces ; les principaux accusés présents étaient

Saint-Vallier, parent du connétable et père de la célèbre Diane de Poitiers (il avait aussi beaucoup à se plaindre de la cour), l'évêque d'Autun et d'Escars seigneur de Vauguyon, l'évêque du Puy.

Les informations commencèrent en septembre 1523 (1). Elles furent d'abord confiées à une commission. Plus tard le roi voulant à cause de l'importance du procès qui touche grandement « nous,
» notre royaume et la chose publique qu'il
» soit vidé et dépêché en bonne et grosse
» compagnie, afin que telle punition et dé-
» monstration en soit faite que soit exem-
» ple à tous, renvoya l'examen de la cause
» à tout le Parlement. »

Cet examen dura de septembre 1523, à juillet 1527, temps de l'arrêt définitif contre Charles duc de Bourbon ou plutôt

(1) A cette époque l'année commençait à Pâques; ce fut Charles IX qui, en 1564, la fit commencer le 1er janvier.

contre sa mémoire (1); car il avait été tué dans un assaut qu'il donnait à la ville de Rome. Matignon et d'Argouge étaient les premiers révélateurs du complot; Lurcy, envoyé du connétable, avait tenté de les entraîner dans la conspiration. Mais ce qu'on demandait surtout avec acharnement, c'était les aveux de Saint-Vallier et de Descars. Tous deux étaient l'objet d'une haine ardente de la reine mère et par conséquent du chancelier Duprat, son partisan et son instrument. Descars avait épousé une Bourbon. Saint-Vallier interrogé à plusieurs reprises commença par nier, il dit qu'il se donnait au diable s'il mentait, il rappela ses services, ses faits d'armes, dit qu'il avait dépensé cent mille écus au service du roi, qu'il avait un procès sur le duché de Valentinois dans lequel Madame avait promis de le servir et ne l'avait fait.

(1) Erreur de Rœderer qui croit l'arrêt du 16 janvier 1523.

On lui rappella sa qualité de gentilhomme et son titre de capitaine de cent gentilshommes et de chevalier de l'ordre de Saint-Michel. Sur quoi il se mit à larmoyer et promit des révélations directes au roi ou à Madame.

Il se décida ensuite à révéler un entretien avec le connétable. Mais il se donna le beau rôle, il plaça dans sa propre bouche un discours éloquent et des remontrances sévères adressées au connétable, à quoi le connétable répondit : Cousin, que veux-tu ? Le roi et Madame m'ont fait trop de tort et me veulent détruire. Ils ont déjà prins la plus grande partie de ce que j'ai et ils me veulent voir mourir. Cependant il parut se rendre aux conseils de Saint-Vallier.

En novembre 1523 on délibéra sur les moyens extraordinaires qui pouvaient « être employés contre les accusés. Il » fut arrêté que Saint-Vallier serait appli-

» qué à la question si le médecin ne disait
» que la fièvre l'en empêche ». Les autres accusés en furent exemptés *quant à présent* ; car nous verrons plus loin ce qui se passa à l'égard de Descars.

Il avait été comblé des faveurs d'Anne de Beaujeu et du connétable de Bourbon, qui l'avaient doté de terres importantes. C'était assez pour que la reine mère le haït profondément. Il ne paraît pas qu'il soit entré dans la conspiration, et jamais, malgré les tortures auxquelles nous allons le voir en proie, il ne fit un aveu.

L'historien Gaillard dit qu'un domestique porteur d'un ordre fut écartelé, et que ce fut à peu près la seule trace d'inhumanité qu'on trouve dans cette procédure. Cette assertion n'est pas justifiée par le procès-verbal suivant :

« Et parce qu'il n'a voulu autre chose
» dire ne confesser à son préjudice, lui a
» été dit et prononcé qu'il (Descars) conve-

» nait pour lui faire dire vérité par force
» *et torture* et a été délivré aux question-
» neurs *jurés* de ladite cour en l'exhor-
» tant toujours de déclarer ledit secret et
» ce qu'il savait desdites conjurations et
» des adhérents et complices dudit de
» Bourbon et a été commencé à le dé-
» pouiller, et lors il a dit qu'il aimait
» mieux qu'on le fît mourir tout d'un
» coup. Lui a été demandé s'il avait
» jamais vu mettre aucun en question et
» torture et il a dit que non. Lui a
» été remontré que s'il en avait vu met-
» tre un en question, il ne souffrirait y
» être mis et dirait la vérité et il n'a
» rien dit.

» Et ainsi qu'on le dépouillait, a été
» envoyé auprès de lui Me Pierre Cloutin,
» conseiller du roy (quel rôle pour un
» magistrat!) lequel l'a exhorté de dire
» vérité en lui remontrant la peine
» qu'il souffrirait en ladite question,

» mais il n'a rien confessé à son préju-
» dice.

» Lui a été remontré qu'il était bien » malheureux de se laisser tirer *et rompre* » *en la torture* en l'exhortant toujours » de dire vérité, et il a dit en pleurant et » larmoyant que vraiment il était bien mal- » heureux.

» Lui a été aussi remontré qu'il ne de- » vait différer de déclarer ledit secret par » craindre d'être pugni par justice parce » que ledit secret pourrait être tel et de » si petite importance que la peine de » l'avoir recélé ne serait à beaucoup près » si grande que la peine de ladite torture. » Et il a dit qu'il n'en saurait dire autre » chose que ce qu'il en avait dit.

» Lui a été remontré que s'il ne vou- » lait dire et déclarer le secret à la cour, » qu'il écrive, ou fasse savoir secrètement » au roi ledit secret, afin de l'en advertir, » pour y pourvoir et qu'on se contenterait

» de lui confessant. Et il a dit qu'il ne sa» vait autre chose.

» A été despouillé et mis en chemise » fors et réservé que lui est demouré en ses » jambes un haut-de-chausse descendant » jusqu'après les genoux et une coiffe de » soye pour tenir ses cheveux et après qu'il » a été assis sur la pierre de ladite ques» tion, lui a été demandé quel propos il a » eu avec Papillon et s'il lui a parlé dudit » mariage, et il a dit que ledit interroga» toire lui a été fait plus de cent fois et » que jamais ledit Papillon ne lui parla » dudit mariage.

» A été lié par les deux mains aux an» neaux de ladite question et en le liant » a été envoyé près de lui monsieur Jehan » Papillon, conseiller du roi en ladite » cour, pour parler à lui et l'exhorter de » dire vérité, et lui a été demandé de quel » secret il entendait parler par sesdites let» tres et qu'il fallait qu'il en dît la vérité.

» Et il a dit qu'il ne saurait que dire et a » fort ploré, disant qu'il n'était méchant » ni tenu des méchantes gens et après a » baisé une petite croix d'or où l'on dit » être enchâssé du fust de la vraie croix » de Notre-Seigneur qu'il avait pendue à » son col ; et parce que les questionneurs » lui ont voulu ôter ladite croix de son » col, il l'a prise entre ses mains et a prié » qu'on la lui laissât, *mais néanmoins on* » *la lui a prise* et baillée en garde audit » Cloutin.

» Lui a été remontré que s'il souffre » être torturé et tiré en la question, il » *sera en danger d'être affolé à toujours,* » *qu'autrefois il y en a aucuns qui sont dé-* » *cédés en torture, et que pour éviter ledit* » *danger* il devait dire vérité et il a dit » qu'il ne saurait autre chose dire que ce » qu'il a dit et voudrait jà être mort.

» Et lors monsieur Belfoir, premier pré- » sident du parlement de Bordeaux, s'est

» levé et approché dudit Descars qui était » attaché aux anneaux de ladite question » et l'a exhorté à dire vérité et de ne se » laisser tirer. A quoi il confessant a ré- » pondu qu'il avait dit vérité.

» Lui a été encore remontré qu'il était » fort malheureux de se laisser tirer et que » si ses femme et parents étaient présents » l'un le prendrait au nez, l'autre à l'o- » reille et les autres par les autres mem- » bres de son corps pour l'induire à dire » vérité, et il a dit qu'il ne saurait autre » chose dire.

» A été exhorté par plusieurs fois de » dire la vérité et déclarer quel secret il en- » tendait par sesdites lettres, et il a dit » qu'il ne saurait autre chose dire s'il ne » voulait mentir.

» Lui ont été mises les cordes aux deux » jambes jointes ensemble et lui a été de- » mandé s'il voulait dire vérité et qu'il » en était temps, et lors s'est plaint et a

» fort plouré, disant que il ne saurait autre » chose dire que ce qu'il a dit par cy-de- » vant. Et à l'instant les questionneurs » ont dit que l'un des anneaux de fer ser- » vant à serrer et tenir ferme lesdites cordes » n'était en état et était rompu, et lors » ledit Papillon a dit que lesdits question- » neurs étaient mauvais paillards et *qu'ils* » *faisaient perdre à la cour une matinée* et » était d'avis que l'on les envoyât en » prison. »

Si cette colère n'est pas feinte, elle est atroce.

« Et a tant a été délié ledit Descars.

» Et en ce faisant a jetté de grands sou- » pirs et a fort plouré à chaudes larmes et » après qu'il a été revêtu, a croisé ses deux » bras sur son estomach, s'est jetté sur un » banc en la chambre de ladite question où » il a été longtemps en se déconfortant » comme un homme qui ne tient plus compte » de lui et après a été remis en sa prison. »

Voilà le supplice d'un homme qui en définitive n'a été condamné qu'à deux ans de prison et même s'est vu autorisé à les passer dans sa propre maison. On l'a torturé, on lui a enlevé la croix, sa seule consolation. Qu'on rapproche maintenant cette exécution de celle de Saint-Vallier qui fut, il est vrai, préservé de la question, mais qui fut condamné à mort, porté sur l'échafaud et ne reçut la commutation de peine, qui sans doute était préparée d'avance, qu'au moment où le bourreau levait le fer sur sa tête. Gratuite et inconcevable cruauté, quoi qu'en dise Gaillard qui vivait encore dans un temps où toutes ces horreurs ne révoltaient pas assez les âmes.

François Ier intervint plusieurs fois dans ce procès et par malheur il demandait toujours aux juges plus de sévérité. Il se plaignait de trop de clémence; il se faisait communiquer les arrêts et allait jusqu'à en défendre la prononciation.

Un de ces incidents surtout mérite d'être rappelé. C'est une véritable querelle du roi, du chancelier et du parlement.

Le parlement avait rendu un arrêt qui condamnait Desguieres et Simon à être enfermés pendant trois mois dans un château fort.

Le roi vint au parlement avec son chancelier Duprat ; il se fit rendre compte de cet arrêt. Monsieur le chancelier demanda : Et de leurs biens, les avez-vous point confisqués ? A quoi fut dit par le premier président que non, que ce n'était qu'une relégation et que en termes de droit en relégation n'y a point de confiscation. Ouï lequel récit ainsi fait que dessus, fut derechef dit par le roi que l'on devait en tels cas et telles affaires qui concernent de si près sa personne et tout son royaume y regarder autrement que l'on ne fait en une matière civile et que lesdits Desguieres et Simon quand ils furent prins et amenés à Lyon, ils pensaient bien être pendus et étranglés et qu'il ne voulait tolérer telles voyes et qu'il entendait faire venir des cours du parlement et autres lieux ainsi qu'il aviserait plusieurs *bons et gros personnages* par lesquels en la compagnie des susdits, il ferait revoir ledit procès et que cependant lesdits prisonniers ne bougeassent de là où ils étaient. Ce fait, monsieur le chancelier se leva et vint parler au roi auquel il parla assez longuement sans pouvoir par les assistants entendre ce qu'il lui disait. Et après se rassit en sa place ledit chancelier lequel remontra à la cour que le roi avait dès longtemps fait un édit par lequel il avait créé quatre maîtres des requêtes ordinaires outre l'ancien ; que néanmoins à la vérification dudit édit l'on y avait mis à deux fois plusieurs restrictions, ce qu'il n'appartenait à ladite cour de faire, parce que quand ledit seigneur avait fait ledit édit, il aurait reçu desdits quatre maîtres des requêtes ainsi nouvellement créés la somme de soixante mille livres et il l'avait fait pour trois bonnes raisons. La première était pour la nécessité qui était si grande que chacun la pût clairement connaître; la seconde parce que son royaume est moult cru et en gens et en affaires pour l'expédition desquelles ledit sieur est contraint d'envoyer des maîtres des requêtes en ambassades et autres lieux convenables; la troisième parce que souvent ne demeure qu'un ou deux maîtres des requêtes auprès de lui, à raison de quoi ses affaires demeurent non expédiées et que pour ces raisons et aussi *parce qu'il est roi et le maître*, ainsi que la raison veut et comme ses prédécesseurs ont créé certain nombre de maîtres des requêtes; qu'il n'est pas de moindre autorité et prééminence qu'eux et en a voulu ériger certain autre nombre et a fait un édit par lequel il veut expressément que dorénavant il y ait douze maîtres des requêtes qui auront autant de prééminence l'un que l'autre et que l'on mette sur le pli dudit édit *lecta, publicata et signata audito procuratore generali*, et que l'on n'en fasse aucune difficulté, parce qu'il entend et le veut ainsi. Pareillement a été par ledit chancelier remontré que le roi avait créé en ladite cour vingt conseillers nouveaux dont deux présidents pour tenir une chambre des enquêtes et que lesdits conseillers étaient venus se plaindre au roi disant par eux qu'on les traitait et qu'on voulait faire précéder ceux qui étaient dernièrement reçus des membres anciens devant ceux de ladite cour, ce qui n'était raisonnable, et qu'à cette cause le roi avait fait une déclaration, il entendait qu'elle sortît effet sans qu'il fût besoin d'en rien dire et que la cour, puisque le roi l'a ordonné après avoir fait ses remontrances, n'y a plus que voir, mais doit obtempérer aux mandements dudit seigneur; et par le roi fut prise la parole disant par lui qu'il est très-content qu'on lui fasse les remontrances telles qu'il appartient, mais que nonobstant icelles il a déclaré qu'il le veut et entend ainsi et que c'est raison qu'il soit obéi, et que la longueur de l'expédition que la cour fit touchant l'édit de la création de vingt nouveaux conseillers fut cause de la perdition du duché de Milan et par faute de pouvoir recouvrer la somme de soixante-dix mille livres tournois et qu'il n'avait et n'a eu cause de se contenter de ladite longueur et qu'à la fin il le convient faire, et qu'il entendait bien que l'autorité que la cour avait, n'était que de par lui et *que ce n'était pas un sénat de Rome.*

A quoi le sieur premier président répondit aux seigneurs en toute humilité et honnêteté : Sire, il n'y a celui de votre cour qui soit si présomptueux et si téméraire qu'il ne pense et soit assuré que l'autorité que votre cour a, toute est de par vous. Les arrêts d'icelle se donnent sous votre nom et se scellent de votre sceau et n'y a celui en la compagnie qu'il ne pense que en un serait grand chose que de lui. Toutefois, Sire, touchant l'édit des quatre maîtres des requêtes qu'il vous a plu de créer, l'on y a mis les modifications pour bonnes et justes causes et pensant par votre cour se acquitter du dû de leurs offices, parce que quand il vous plut créer l'office de maître des requêtes dont Polyot fut pourvu, il y avait notamment que contre dire que par mort, résignation ou autrement, ledit office demeurât éteint et supprimé. Au moyen de quoi votre cour le pensait en cette manière de cette dernière création, et quant à c'est de l'affaire des vingt nouveaux créés en votre dite cour, Sire, vous savez dès lors les remontrances qui vous furent faites et la conséquence qui put en advenir mêmement en une telle cour où il est question de la vie de vos sujets, princes, gros seigneurs et autres, de leurs biens et état universel et de mettre une si grosse compagnie tout à un coup par argent ; et savez, Sire, ce qu'il vous plut nous dire qu'après que aviez reçu les sommes dont êtes pressé pour subvenir à vos affaires, que ne vous soucierez plus comment il en advint et que du demeurant vous en laisserez faire à la cour de ladite création d'offices ainsi qu'elle aviserait par raison. Sur ce prient lesdits seigneurs très-humblement n'avoir cette pensée qu'elle eût pensé ni entreprins de faire aucune chose contre son vouloir, mais ce qu'elle en aurait fait c'aurait été par l'acquit et décharge de la conscience d'un chacun, désirant en tout et partout comme vos très-humbles et très-obéissants officiers vous obéir.

A quoi par le roi a été dit que le plus

grand regret qu'il avait eu depuis qu'il était roi était d'avoir pris argent des offices de judicature et ce qu'il en a fait a été au moyen des très-grands et très-urgents affaires qu'il a eus comme on l'a pu et peut le connaître en son royaume et que son intention a été et est qu'il n'en a prins aucuns deniers qu'il n'espère rembourser un chacun qui a eu desdits offices en cette sorte et s'il peut avoir paix et vu l'ordre et l'état qu'il a mis en ses finances, des premiers deniers qui en viendront.

Telle fut cette séance du 9 mars 1523 qui de la part du roi commença sur un ton si haut et finit sur un ton si humble. On peut juger combien ce dénoûment satisfit le parlement et humilia le chancelier.

La maison de Bourbon était puissante, elle avait des amis et des clients, peut-être même dans le parlement. L'instruction marchait avec lenteur au gré de

François. Voici quelques paroles fières et royales qu'il jetta au parlement le 12 juillet 1524.

A nos amés et féaux, etc., « au demeurant, vous avisons que nous en allons à Lyon pour résister et empêcher que Charles de Bourbon et autres nos ennemis n'entrent dans notre royaume, ce qui nous sera facile et aisé de faire, *et à notre retour vous ferons savoir de nos nouvelles, vous assurant que ledit Charles de Bourbon n'est pas encore en France* ».

Mais le retour du roi ne fut pas tel qu'il se l'était promis. Quand il revint en France, c'était après la funeste bataille de Pavie et après un an de captivité. Enfin il avait signé le traité de Madrid. Par ce traité du 14 janvier 1526, le roi s'engageait à rendre à Charles de Bourbon et à ses complices tous leurs biens, il autorisait même le connétable à faire valoir ses droits sur la Provence.

Il fallut qu'une délibération du parlement dégageât le roi de sa signature pour que le procès pût être repris.

Enfin le 26 juillet 1527, deux mois après que le connétable était tombé devant Rome, le roi tint un lit de justice. Quatre pairs seulement y assistèrent, et deux de ces quatre étant des évêques n'y assistèrent que parce que le connétable était trépassé et que l'arrêt n'entraînerait pas effusion de sang.

On comprit parmi les griefs les actes d'hostilité commis par le duc de Bourbon depuis le traité de Madrid, entre autres le sac et le pillage de Rome, promis à ses soldats. C'était un nouvel acte d'accusation qui donnait plus de couleur à la justice de la condamnation.

Le chancelier prononça donc l'arrêt qui réputait ledit de Bourbon atteint et convaincu des cas à lui reprochés, le déclarait crimineux du lèse-majesté, rébellion et félonie ordonnait que les insignes et armes appropriés particulièrement à la personne dudit de Bourbon affigés aux lieux publics, à son honneur en ce royaume, titres et seigneuries seront rayés et effacés, et le privait de la cognomination de ce nom de Bourbon comme ayant notoirement dégénéré des mœurs et fidélité des antécesseurs de ladite maison de Bourbon, en damnant et abolissant sa mémoire et renommée à perpétuité comme crimineux dudit crime de lèse-majesté, et au surplus déclarait tous et chacun les biens féodaux qui appartiennent audit de Bourbon tenus de la couronne de France, médiatement ou immédiatement être retournés à icelle et tous et chacun des autres biens meubles et immeubles être confisqués.

Mais tout n'était pas dit. La guerre continua. Le comte de Saint-Pol échoua dans son entreprise contre Gênes; il fut fait prisonnier. Son armée fut dispersée. Le roi pris d'un vif désir de recouvrer ses enfants qui avaient été donnés en otage consentit à la paix de Cateau-Cambrésis, paix onéreuse pour la France.

L'empereur stipula que les héritiers de Charles de Bourbon jouiraient de tous les avantages qui leur avaient été assurés par le traité de Madrid. Le parlement enregistra une déclaration du roi de mai 1530, qui, en vertu des traités de Madrid et de Cambrai, et pour les garder et observer inviolablement, déclara nuls et de nulle valeur tous arrêts, sentences, mémoires, incorporations, déclarations, exécutions, poursuites et procédures quelconques faites contre ledit feu Monsieur Charles de Bourbon, son honneur, nom, renommée et biens, chacun de ses amis alliés et serviteurs, ayant comme dit est suivi et tenu son parti et spécialement l'arrêt prononcé en la cour du parlement à Paris, le 27 juillet

1527 et tout ce qui s'en est suivi, sans que desdits arrêts, sentences, procédures et actes, nous ou autres se puissent aider au temps à venir en façon quelconque, abolissant en tant que métier serait tout l'effet et cause d'iceux, remettant le tout par lesdites présentes, comme choses non advenues, remettant du tout en tout ledit feu Charles de Bourbon en sa bonne fame et renommée, en tant lui que sesdits amis, alliés, serviteurs et ayant suivi son parti et lesdits héritiers de ceux qui sont décédés en tel état qu'ils étaient avant lesdits arrêts, sentences, procédures et actes.

Gaillard dit que cette déclaration ne reçut pas un plein effet quant aux biens. Louis de Bourbon, prince de la Roche-sur-Yon, duc de Montpensier, neveu du connétable, reçut seulement une partie de ceux qui étaient confisqués (1).

(1) Ces détails du procès ont été surtout tirés d'un manuscrit de la Bibliothèque impériale.

1540

—

Procès de l'amiral Brion-Chabot.

Brion-Chabot, né d'une famille illustre, avait été compagnon des jeux et des amusements de François Ier, dans son enfance et dans sa jeunesse. Fleuranges dans ses mémoires décrit leurs amusements; Montmorency, depuis connétable, était partner du comte d'Angoulême, depuis Francois Ier; Fleuranges, depuis maréchal, et Brion-Chabot, depuis amiral, étaient leurs adversaires.

La fortune de Chabot marcha longtemps de pair avec celle du roi; il contribua à faire lever le siége de Parme commencé par les Impériaux. Nommé lieutenant général, il se renferma dans Carcassonne et fit de brillantes sorties. Il força le connétable de Bourbon à lever le siége de Marseille. Prisonnier comme François à la bataille de Pavie, délivré comme lui, il reçut de Henri VIII le collier de l'ordre de la Jarretière.

Employé dans plusieurs missions importantes, Philippe de Chabot, amiral, accompagnait le roi au parlement, lorsqu'il vint lui soumettre, ainsi qu'aux notables l'exécution du traité de Madrid. A cette assemblée l'amiral était dépositaire de l'acte d'abdication du roi ; il le tira de sa poche et le produisit.

Mis à la tête de l'armée qui devait attaquer les États du duc de Savoie, il reçut de François Ier par la bouche du cardinal de Lorraine l'ordre de discontinuer ses conquêtes. Ces ordres furent réitérés et Chabot dut se contenter de jeter des troupes dans les places les plus susceptibles de défense.

Depuis ce jour sa fortune déchut. Toute la campagne qu'on peut appeler la campagne de France et dans laquelle le maréchal de Montmorency ruina si habilement les forces de Charles-Quint, se passa sans Chabot, il fut laissé de côté.

Il perdit sa place d'amiral et il fut remplacé par le maréchal d'Annebaut.

Néanmoins Chabot se soutenait encore par le crédit de la duchesse d'Etampes. Le chancelier Poyet, créature de Montmorency et confident de sa haine, voulut porter à Chabot un dernier coup. On n'avait à lui reprocher que de faibles exactions dont peut-être aucun de ceux qui l'accusaient n'était innocent. Poyet forgea contre lui une accusation de vingt-cinq délits capitaux. Il voulait sa mort; il ne put l'arracher à la commission composée de magistrats appartenant à divers parlements. Chabot fut condamné à 1,500,000 livres d'amende, au bannissement et à la confiscation de ses biens.

La disgrâce de Chabot est diversement

expliquée. Selon Pasquier et selon Gaillard, elle serait l'effet de l'inconstance du roi et d'une réponse trop orgueilleuse de Chabot à François Ier; selon Hénaut, Chabot aurait été disgracié pour avoir, par déférence pour le cardinal de Lorraine, interrompu ses conquêtes en Piémont. Tous sont d'accord que l'affection trop vive de la duchesse d'Etampes y fut pour quelque chose.

Grâce à elle, Chabot reparut à la cour; il sollicita des lettres de grâce qui lui étant accordées, l'exemptèrent de l'amende et le rétablirent dans son emploi.

Chabot fit reviser son procès par le Parlement. On prononça qu'il n'y avait pas crime d'infidélité au premier chef.

Quelle fut la première cause de la sentence erronée ou plutôt coupable? Evidemment le bon plaisir, l'arbitraire, l'omnipotence du souverain égarée par de faux rapports et surtout la formation d'une commission présidée par le chancelier et choisie dans plusieurs parlements. Cet abus existait encore du temps de Daguesseau, mais ce grand magistrat y attachait sa désapprobation.

Chabot, miné par le chagrin, mourut deux années après sa réhabilitation.

1540

—

Procès des Vaudois de Cabrières et Mérindol en Provence.

Les Vaudois ainsi nommés parce qu'ils venaient du pays de Vaux, ou parce que leur premier docteur avait été Valdo, s'étaient réfugiés en Provence. Leur doctrine, qui avait quelque chose de socialiste, attaquait la hiérarchie ecclésiastique et demandait que l'Eglise revînt à sa pureté primitive. Il est probable que l'exemple de Luther les encouragea à se déclarer et qu'ils encoururent ainsi la persécution. Un arrêt du Parlement d'Aix, rendu en 1540, ordonna que les habitants de Mérindol contumaces, lorsqu'ils seraient pères de famille, seraient brûlés vifs (supplice appliqué aux hérétiques, note 5), leurs biens, femmes et enfants confisqués, leurs maisons rasées, peine arbitraire qui n'existait pas dans l'ordonnance (1), les lieux souterrains qui avaient servi de retraite à plusieurs bouchés, la forêt voisine abattue et les arbres de leurs jardins arrachés, avec défense à tous de prendre à ferme et loyer les terres de ceux qui seraient de la race ou du nom des accusés. Voilà ce que Loysel (Dialogue des avocats du parlement de Paris) appelle un arrêt extraordinaire et ce qu'il faut appeler le plus extravagant et le plus barbare des arrêts. Il ne faut pas s'étonner que le premier président du parlement d'Aix, Chassanée, ait demandé et obtenu un sursis à l'exécution de cet arrêt.

Il mourut et le baron d'Oppède lui succéda. C'était un homme injuste et violent, animé contre ces malheureux schismatiques d'un esprit de vengeance particulière.

(1) C'était une des peines arbitraires appliquées par les parlements ; il y en avait d'autres, par exemple d'ordonner que le parricide serait traîné sur la claie, conduit à la voirie et pendu par les pieds.

Oubliant sa magistrature, et tout sentiment humain, il leur fit une guerre acharnée, les fit considérer comme des rebelles, arma contre eux les troupes du roi, mit à feu et à sang les bourgs qu'ils habitaient, les poursuivit jusque dans les bois, brûlant les uns tout vifs, passant les autres au fil de l'épée, sans distinction d'âge.

Toute cette conduite fut revêtue de lettres d'approbation données aveuglément par François Ier. Mais au lit de la mort ce roi se repentit de ces exécutions sanglantes et l'on dit qu'il recommanda à son successeur Henri II de revoir cette affaire. Henri II évoqua d'abord le procès en son conseil et le renvoya ensuite à la grande chambre du parlement de Paris, où il fut plaidé pendant cinquante audiences.

Qu'on juge en effet ce que c'était que l'accusation d'un parlement tout entier déférée à un autre parlement, qu'un premier président traduit devant ce parlement pour meurtre et pour pillage, qu'un avocat général convaincu de faux !

La France a trouvé un historien pour flétrir l'infamie de la persécution et l'iniquité des deux parlements.

« Les crimes énormes imputés de part et
» d'autre, a dit monsieur de Thou dans
» son *Histoire universelle*, faisaient at-
» tendre avec une extrême impatience la
» conclusion d'un procès de cette impor-
» tance, mais le jugement trompa l'attente
» de tout le monde. Le sieur Guérin, avo-
» cat général, n'ayant point d'appui à la
» cour fut condamné à mort et paya pour
» les autres. D'Oppède, soutenu du duc de
» Guise qui était devenu le protecteur de
» Grignan, fut renvoyé avec le président
» de La Fonds et les deux conseillers, dans
» l'exercice des fonctions de sa charge.
» Mais la justice du ciel suppléa à celle
» des juges de la terre, et il mourut peu de

» temps après d'une maladie d'intestins » extrêmement douloureuse. »

Aubry, l'avocat des habitants de Cabrières et Mérindol, après avoir retracé le tableau des barbaries exercées contre ses malheureux clients, s'écriait :

« Cela se peut-il couvrir du manteau de » justice et de quatre arrêts, l'un donné » contre un village non appelé et non » ouy, l'autre un saint jour du dimanche » par des juges incompétents, inhibés et » non suffisamment restitués au pouvoir » de juger : les deux autres à la suite de » suggestions de monsieur le Président » contenant des exécutions et des persé- » cutions sur des villages et sur des com- » munautés non ouys, non condamnés, sur » un peuple non nommé, ni désigné par » ses noms ; ni par maison, ni par famille, » ce qui n'est autre chose que de bailler » en proye et à la discrétion du soldat tout » un pays. »

Ainsi avant la cruelle maladie qui conduisit d'Oppède au tombeau, la parole brûlante d'Aubry avait déjà imprimé un fer chaud sur le front du coupable. Michel L'Hôpital à célébré le plaidoyer d'Aubry dans une épître adressée au chancelier Olivier, son ami.

Nam longam historiam pulchro simul ordine cœpit
Albricius recitans viros et morte peremptos
Indigna, raptasque soluto crine puellas
Et tanta miseris subjecta incendia vicis.
O qui tum gemitus, o quæ suspiria ab imis
Exaudita fere gradibus portisque palati!
Omnes exquisita reis et summa precari
Supplicia indignis qui lucis honore fruantur.
Ipse etenim prætor vultu satis esse probatum
Significans, solio jamjamque exsurgere visus.
Et socios quæ sit sententia poscere velle.

Aubry se mit à réciter dans un discours bien ordonné la longue histoire des meurtres indignes, des enlèvements cruels, des incendies funestes embrasant des bourgs tout entiers. A ce récit combien de gémissements, combien de soupirs répondirent des portes du Palais! Tous appellaient les plus cruels supplices sur la tête de ceux qui n'étaient pas dignes de vivre. Le juge lui-même témoignait par son émotion que les preuves étaient suffisantes; on croyait le voir se lever de son siége et interroger sur la sentence ceux qui devaient la rendre avec lui.

1545

Procès de Tabouet et Pélisson.

François Ier devenu maître de la Savoie y établit un conseil souverain, avec même autorité que les parlements. En 1537, il institua Raymond Pélisson président et Tabouet procureur général.

Dans l'exercice de ces fonctions le conseil adressa des réprimandes à Tabouet. Celui-ci accusa et dénonça Pélisson et plusieurs membres du conseil, comme coupables de concussion ; de son côté Pélisson l'accusa. Arrêts du grand conseil et du conseil privé de 1545 renvoyant les accusations réciproques à l'information de deux magistrats choisis dans le parlement le plus voisin (de Grenoble).

Pélisson et onze officiers du parlement de Chambéry sont décrétés d'ajournement personnel.

Après cette instruction, le roi par des lettres patentes de 1543 et 1550 renvoya la cause devant le parlement de Dijon. Lautier, procureur général à Grenoble, est chargé du rôle de la partie publique.

Devant le parlement de Dijon, l'instruction commence le 1er septembre 1550.

26 janvier 1551, Tabouet est jugé à part et absous des crimes a lui imputés. 3 mai 1551 le président Pélisson est arrêté. 27 juillet 1551, il est déclaré faussaire et incapable de tenir aucun office royal, condamné à faire amende honorable au parquet de l'audience, à 10,000 livres d'amende, à 2,000 livres envers Tabouet et le surplus des biens confisqués. Il sera confiné au lieu qu'il plaira au roi de désigner. Exécution de l'arrêt en plein palais. Harangue furieuse de Tabouet contre Pélisson qui la

subit tenant son bonnet à la main. Le texte de Tabouet est : *hæc dies quam fecit Dominus.* Le président Baillet prononce l'arrêt. Pélisson se met à genoux avec effort et tenant à la main une torche de cire ardente, du poids de quatre livres crie merci à Dieu, au roi *et à Tabouet.*

Quel triomphe! mais c'est l'histoire d'Aman et de Mardochée. Voici le revers de la médaille.

Pélisson demande la révision du procès et par la faveur du connétable de Montmorency et de la duchesse de Valentinois obtient d'être déchargé de la confiscation.

16 mai 1555, l'arrêt de Dijon ayant été cassé, le parlement de Paris ordonne que Tabouet sera poursuivi comme calomniateur. Cet arrêt n'appela pas les deux rapporteurs du procès à Dijon, quoique l'arrêt du conseil l'eût ordonné.

Le procès aurait dû être revisé par les

mêmes juges qui avaient précédemment prononcé.

Henri II confia le procès de Tabouet à une commission composée de magistrats du parlement de Paris et du parlement de Dijon assistés de six maîtres des requêtes. La décision absout Pélisson et ses prétendus complices, condamne Tabouet à 2,000 livres parisis envers Pélisson : à faire amende honorable au parquet de la cour de Dijon, la tête et les pieds nus, à genoux et en chemise, la corde au col, tenant entre ses mains une torche de cire ardente du poids de dix livres ; à une amende honorable sur le perron en pierre de marbre et au bout des grands degrés du palais, au pilori des halles de Paris, pour y être tourné trois tours par l'exécuteur de la haute justice, et après ramené en la conciergerie du palais ; à une troisième amende honorable aux parquet et audience de la cour de Chambéry : à 2,000 livres parisis d'amende envers le roi, et après le paiement à être perpétuellement confiné au pays de Savoie ou en tel autre lieu du royaume qu'il plaira au roi ordonner; à la confiscation. Le produit de toutes les confiscations en Savoie avait été donné par Henri II au duc de Guise.

Tabouet fut rendu à la liberté lorsque le duc de Savoie recouvra ce pays. Il publia plusieurs ouvrages qui lui font honneur.

Bouhier, président au parlement de Dijon en 1704 croyait à l'innocence de Tabouet.

Dom Liron, bénédictin de l'ordre de Saint-Maur, auteur des *Singularités historiques et littéraires*, paraît y croire aussi.

Il rapporte des vers latin que Tabouet adressa à Jean Papon qui dans son recueil d'arrêts avait inséré les décisions contraires à Tabouet, sans insérer celles qui lui étaient favorables.

Quod me, in calce operis, carbone notaveris atro,
Hoc tibi non laudi, sed vitio dabitur.
Hoc laupus et turpes faciunt morientibus ursi,
Ursi odium exerces ingluviemque lupi.
Quæ sola officiunt decreta novissima narras.
Sed mea quæ longe plura fueré taces.
Atqui operæ pretium fuerat placita omnia certo
Ordine, rapsodiis inseruisse tuis.
Retia decipiunt, mi crede, forensia multos
Quæ non tenduntur milvio et accipitri.
Centum ergo decretis fueram sine fraude senatus
In triplici victor, præside justitia.
Jure meo et causa fretus, tandem extra senatum
Insperato equidem fulmine succubui.

Au commencement de ton œuvre tu as voulu me salir avec un charbon noir, ce ne sera pas un mérite pour toi, ce sera une tache. Tu m'as traité comme les loups et les ours traitent les mourants ; tu as la fureur de l'ours et la gloutonnerie du loup. Les arrêts qui me nuisent, tu en fais le récit; mais j'en ai pour moi un plus grand nombre et tu les passes sous silence. Il eût été nécessaire de placer dans ton livre chaque décision dans son ordre. Crois-moi, il y a plus de piéges au palais qu'il n'y en a de tendus pour le vautour et l'épervier. Trois fois dans le sénat et en vertu de cent décrets, j'ai été vainqueur sans employer la fraude. Hors du sénat, j'ai succombé sous un coup de foudre imprévu.

1549-1575

Procès d'Oudart de Biez, maréchal de France et de Jacques Coucy de Vervins son gendre.

Jacques de Coucy qui avait donné des marques de bravoure, notamment à la bataille de Pavie, commandait dans Boulogne assiégée par les Anglais. Il soutint et repoussa un rude assaut donné par les ennemis; mais on prétend qu'ensuite il se laissa trop facilement aller à capituler, sans avoir pris l'avis des capitaines qui étaient avec lui dans la place.

Le maréchal de Biez, son beau-père, fut chargé de reprendre Boulogne. Selon Montluc, le maréchal se conduisit héroïquement dans ce siége. Toutefois on attribua son insuccès à ce qu'il n'avait pas exécuté fidèlement l'ordre donné par le roi de construire un fort utile à l'attaque de la

4

ville. Henri II devenu roi voulut que le procès fût fait au maréchal de Biez et à son gendre. Ce procès eut lieu devant des *Juges choisis* et L'Hôpital fut rapporteur. La procédure dura deux ans. Coucy fut accusé de s'être entendu avec les Anglais, d'avoir rendu la place lorsque le Dauphin lui avait fait dire qu'il enverrait du secours dans quelques jours, enfin d'avoir reçu de l'argent des Anglais.

Le maréchal de Biez fut accusé de s'être déchargé du commandement de Boulogne sur Coucy, son gendre, d'avoir usé de trop d'indulgence envers les prisonniers, d'avoir reçu des Anglais de l'argent et des présents. Coucy fut condamné à avoir la tête tranchée, ce qui fut exécuté.

Le maréchal fut condamné à une amende de 100,000 livres parisis, à la confiscation de ses biens, à avoir la tête tranchée, ensuite fixée à un poteau et le corps pendu à Montfaucon.

Il fut sursis à cette horrible exécution qui devait être précédée de la torture extraordinaire. De Biez fut enfermé au château de Loches pendant trois ans. Plus tard il fut mis en liberté ; il mourut dans sa maison du faubourg Saint-Victor.

Jacques de Vervins fils entreprit de réhabiliter son père et son aïeul. Il fut protégé et soutenu par la duchesse de Guise (Antoinette de Bourbon). On dit pourtant que c'est cette même maison de Lorraine qui avait causé la perte des malheureux condamnés.

Le roi Henri III accorda, en 1575, des lettres patentes qui ordonnèrent que nonobstant les procédures qui avaient été suivies contre eux, leur mémoire demeuràt toujours *bonne et entière.*

Bienplus, en 1577, des funérailles solennelles furent célébrées par toute la cour de Henri III, et le prince y envoya son héraut d'armes pour le représenter.

On avait signalé plusieurs faux témoins qui furent exécutés à mort.

Ici nous continuons à reconnaître l'abus des commissions nommées pour juger les procès criminels. Il y a plus d'un rapport entre ce procès et celui de Lally que nous analyserons plus tard.

1639

—

Procès du duc de la Valette.

Le procès du duc de la Valette, fils du duc d'Epernon, offre des exemples curieux de courage et de résistance éloquente dans certains juges, de pusillanimité dans certains autres. A tout prendre, il fait honneur à la magistrature, et c'est avec raison que Montesquieu, dans son *Esprit des lois*, a immortalisé les remontrances généreuses du président de Bellièvre à Louis XIII.

Le duc de la Valette avait contre lui la haine du prince de Condé et celle du cardinal de Richelieu; c'était trop. Son général, le prince de Condé, l'accusait d'avoir désobéi à l'ordre qui lui avait été donné d'entrer à Fontarabie par une brèche praticable.

Voici ce que répondait le duc de la Valette dans un *factum* qu'il publia, toutefois après avoir pris la précaution de se réfugier en Angleterre : « Puisque vous » m'avez tiré de mon poste, qui vous empê- » chait de mieux faire par un autre ? » Une heure de vigueur suffisait, dites- » vous, pour vous rendre maître de la » place. En cela vous vous condamnez » vous-même. Je ne vous ai lié la langue » ni les mains pour vous empêcher de » commander et d'agir... Si vous m'impu- » tez votre déroute, je puis répondre que » s'il y avait encore quelque reste de for- » tune et d'honneur à sauver, je le garan- » tis du naufrage ; j'empêchai que tout le » sang de l'armée ne fût répandu avec » honte et que la perte ne fût plus grande » que le déshonneur. »

Le roi s'obstina, sans doute par l'avis du cardinal de Richelieu, à figurer au nombre des juges. C'est ce qui donna lieu aux observations du président de Bellièvre dont nous reproduisons le style tel qu'il est donné par Montrésor dans ses mémoires.

Monsieur le président de Bellièvre dit qu'il ne pouvait prendre d'autres avis que de renvoyer l'affaire au parlement, et comme le roi le força d'opiner, il fit en peu de mots un discours qui a été trouvé beau.

Disant qu'il voyait en cette affaire une chose étrange, un prince opiner au procès criminel de ses sujets, que les rois ne s'étaient réservé que les grâces et renvoyé les condamnations à leurs officiers. Et Votre Majesté voudrait bien voir sur sa sellette un homme devant elle qui par son jugement irait dans une heure à la mort, que la vue et la face du prince qui donne les grâces ne peut porter cela, que sa vue seule levait les interdits de l'Église et que jamais personne ne devait sortir que content de devant le prince, remontrant au reste l'inconvénient de troubler des juges devant le roi et de ne laisser la liberté des opinions.

Et quand il fut forcé d'opiner, ce même président ne démentant pas sa généreuse fermeté, dit qu'il ne voyait au procès aucune preuve de trahison; que les dépositions de quelques soldats n'avaient aucune valeur contre un gentilhomme accoutumé à remplir son devoir. Quant au fait de désobéissance, le Président de Bellièvre fit entendre que ce fait pourrait bien s'évanouir si le procès n'était pas jugé par contumace.

Le duc de la Valette n'en fut pas moins condamné par arrêt du 24 mai 1639 à monter sur l'échafaud pour y avoir la tête tranchée, et le 8 juin 1639 il fut exécuté en effigie.

Mais le règne changea, et quatre ans après le duc revint en France, se constitua prisonnier pour la forme et par arrêt du 16 juillet 1643 fut déchargé par toute condamnation, on lui réserva même des dommages-intérêts contre ses accusateurs.

Les nullités de la première procédure sautent aux yeux. Le roi opinant en personne, ne consultant les membres du parlement que comme des conseillers d'État, de manière à faire l'arrêt lui seul s'il l'avait fallu, tout cela est insoutenable. Il paraît que le peuple lui-même témoigna hautement sa désapprobation au moment de l'exécution en effigie.

Sur l'arrêt de révision, Montrésor fait l'observation suivante : On remarquera que cet arrêt blesse l'autorité royale en ce que l'arrêt qui a été donné en présence du roi est cassé, sans que le roi aujourd'hui régnant y ait consenti.

1687

—

Affaire d'Anglade.

Dans un même hôtel à la place Royale vivait la famille du comte de Montgomery, propriétaire de l'hôtel, et la famille d'Anglade, locataire. D'Anglade menait un train de vie qui fut, dans le cours du procès, reconnu très-supérieur à l'état de son revenu. Le comte de Montgomery, après un court voyage à sa terre de Villebousin, revint à Paris. Il reconnut que pendant son absence on avait fracturé son coffre-fort et qu'on y avait pris treize sacs de mille livres en argent, onze mille cinq cents livres en or, cent livres d'or neuf, un collier de perles valant quatre mille livres. La perquisition faite par le lieutenant criminel fit découvrir dans un grenier, qui sans doute faisait partie de la location de la famille d'Anglade, un rouleau de 70 louis enveloppé dans un papier appartenant à la famille de Montgomery,—puis dans le dortoir où couchaient l'aumônier, le page et le valet de chambre, cinq sacs de mille livres chacun et un sixième à peu près intact. Enfin sur M. et Mme d'Anglade eux-mêmes on trouva des pièces de monnaie qui semblaient faire partie du trésor Montgomery.

Cette découverte amena dans l'esprit du lieutenant criminel une conviction profonde de la culpabilité de la famille d'Anglade, il eut le tort de la manifester.

M. d'Anglade le prit à partie, il échoua et cette procédure ne dut pas le rendre plus favorable.

D'Anglade fut appliqué à la question ordinaire et extraordinaire; quoique d'une complexion faible, il ne fit aucun aveu, il fut condamné aux galères pour neuf ans.

Sa pauvre femme, après avoir fait une fausse couche dans la prison, fut condamnée au bannissement pour neuf ans, ils furent condamnés tous deux *comme véhémentement suspects.*

D'Anglade, malade, épuisé, presque sans vie fut transporté à Marseille où il mourut au bout d'un an.

A peine était-il mort que des lettres anonymes dénoncèrent comme coupables du vol Gagnard, aumônier de la famille de Montgomery, de complicité avec un nommé Vincent, dit Delestre. Ces deux individus étaient déjà sous la main de la justice.

Un témoin fournit les détails les plus précis sur le vol exécuté à la place Royale.

Les deux accusés furent condamnés à la potence. Delestre résista à la question, mais il avoua au moment du supplice. Gagnard fit le même aveu.

Mme d'Anglade, survivant à son époux,

obtint du Conseil du Roi des lettres de révision.

Par un arrêt définitif du 13 juin 1693, le parlement de Paris réhabilita la mémoire de d'Anglade, et condamna le comte de Montgomery à la restitution des sommes qu'il s'était fait adjuger à titre de réparation, et à tous les dépens du procès.

1690

—

Procès Lebrun.

Une dame Mazel tenait une maison de jeu. Elle avait pour fils M. de Savonnière, conseiller au parlement, pour commensal un abbé Poulard, jacobin indigne; pour domestiques, elle avait Lebrun et deux femmes de chambre, et deux petits laquais. Elle est assassinée dans la nuit. On trouve dans son lit une serviette tournée en bonnet de nuit qui portait la marque de la maison; la serviette est ensanglantée et un morceau de cravate de dentelles de Malines également ensanglanté. On arrête les femmes de chambre et Lebrun qu'on trouve muni d'un passe-partout. Mais, du reste, aucune égratignure sur son corps, aucune déchirure de ses vêtements. On l'arrête cependant sur la plainte de M. de

Savonnière. Deux procès-verbaux de l'état des lieux sont dressés, le second postérieur de six semaines au premier. Barbier d'Aucourt fournit un mémoire pour l'accusé. Néanmoins Lebrun est condamné par le Châtelet à être rompu vif. Six juges se prononcent pour la mort, contre trois qui demandent un plus amplement informé (voir sur les plus amplement informé les réflexions de l'avocat général Servan), et deux qui opinent pour la question.

Sur l'appel porté au parlement devant vingt-deux juges, l'avis dominant est que Lebrun sera appliqué à la question ordinaire et extraordinaire. Lebrun subit ces supplices; il persiste à nier; huit jours après il meurt de ses souffrances. Bientôt le véritable assassin est découvert; c'était un laquais nommé Berry, chassé pour vol de la maison de la dame Mazel. Berry arrêté avoue son crime, mais il signale comme ses complices, Lebrun et la dame de Savonnière bru de la dame Mazel, puis sur l'échafaud il se retracte et s'avoue seul coupable. Les héritiers Lebrun demandent la réhabilitation de leur malheureux parent et des dommages-intérêts contre M. de Savonnière. On a un mémoire de Barbier d'Aucourt pour eux. Selon M. Berryer fils (*Leçons et modèles d'éloquence judiciaire*), c'est l'œuvre d'un honnête homme qui a la conscience de la vérité et qui veut la faire entrer doucement dans le cœur plutôt que l'imposer violemment à la raison. Si l'on se reporte à l'époque où il fut présenté, on trouvera que ce mémoire où l'auteur, il est vrai, ne se livre à aucun élan passionné, démontre l'erreur des juges avec un certain courage. Peut-être a-t-il le tort d'attaquer les juges du Châtelet plutôt que ceux du parlement ; mais il y avait quelque nécessité du ménager ceux-ci. Il fait remarquer que la vie entière de Lebrun ne donnait aucune prise sur lui, qu'elle offrait même des traits honorables ; il rappelle que pour condamner à mort, il faut des preuves plus claires que le jour ; il fait allusion au crédit que M. de Savonnière peut avoir eu sur les juges. « Comment, dit-il, pourrait subsister » la procédure dont il s'agit, dans laquelle » tout un procès-verbal a été fait, contre » l'ordonnance *en considération de l'accusateur?* Ce qui marque bien davantage » l'affectation et la prévention du juge, » que d'avoir mangé avec une partie. »

Plus loin il ajoute : « Le sieur lieutenant » criminel ayant eu dès le premier jour » l'indiscrétion d'assurer publiquement » que l'accusé était coupable a rendu par » là toute sa procédure suspecte, et la con- » séquence d'une procédure si étrange et si » affectueuse a été une sentence définitive » qui condamne à mort un prétendu com- » plice sans preuve, sans aveu et sans » témoin. C'est ce qui fait réclamer tout le » monde. C'est ce qui a rendu la cause de

» l'accusé une cause commune où chacun
» croit avoir intérêt. C'est tout le public
» qui appelle d'un jugement si énorme.
» C'est tout le public qui crie. O temps !
» ô mœurs ! ô Louis le Grand, le juste,
» l'invincible, sera-t-il dit que sous votre
» règne on souffre une si horrible procé-
» dure par laquelle il n'y a pas d'innocent
» qu'on ne puisse perdre ? »

La veuve Lebrun, qui elle-même avait été impliquée dans le procès et soumise à une longue prison, obtint, le 30 mars 1694, un arrêt du parlement qui réhabilita la mémoire de son mari et confirma un legs de 6,000 livres fait par la dame Mazel, mais elle n'obtint pas de dommages-intérêts contre M. de Savonnière.

Ce qui trompa la justice dans cette affaire, on pourrait dire ce qui l'aveugla, ce fut d'abord le passe-partont de Lebrun, ce fut ensuite la pensée (fausse) que Mme Mazel n'avait pas été volée. On eut trop peu d'égards aux précédents de Lebrun qui étaient ceux d'un bon père de famille. Il y avait en sa faveur tant d'arguments et de si forts qu'on s'étonne et s'indigne de la persévérance qu'on mit à le croire coupable.

1761

Procès de Calas.

Antoine Calas a-t-il été assassiné par son père âgé de 63 ans et dont la vie n'offrait aucun antécédent coupable?

Antoine Calas s'est-il suicidé, s'est-il pendu lui-même?

Les deux faits au premier coup d'œil paraissent invraisemblables. Le père n'avait aucun intérêt à la mort de son fils; la cupidité, qui inspire quelquefois ce genre de crimes, n'a pu avoir de part à celui qu'on lui attribue. Le fanatisme seul a pu armer le bras de Calas et de ses complices, car il paraît presque impossible que le père seul, âgé de 63 ans, ait assassiné le fils dans la force de l'âge, et c'est en cela que l'arrêt qui l'a condamné si cruellement paraît plus inique, puisqu'il l'a condamné seul au supplice. Assurément les autres accusés ne pouvaient s'excuser par la jeunesse.

D'un autre côté, est-il vraisemblable qu'Antoine Calas se soit suicidé? Non. On ne voit pas qu'aucune persécution vraiment digne de ce nom ait justifié cette résolution extrême.

Mais entre un acte de fanatisme inexplicable et un suicide également étonnant, de quel côté la vraisemblance doit-elle pencher?

Elle doit pencher à mon avis, du côté du suicide qui est le plus souvent un acte de folie spontanée.

Une servante catholique, la dernière a qui Antoine eût parlé, déposait qu'il avait dit peu d'instants avant la catastrophe : *Je brûle*. Un autre fils de Calas, qui s'était fait catholique, recevait de son père une pension de 400 fr.

Sans doute, lorsqu'il a entrepris la réhabilitation de Calas, Voltaire n'a pas été inspiré par des intentions bien pures. Sa correspondance le témoigne assez. Mais il ne faut pas non plus par rancune contre Voltaire méconnaître l'erreur funeste à laquelle s'est laissé entraîner le parlement de Toulouse, dominé, je le crains bien, par le cri du peuple, et par la partialité religieuse. Il paraît d'ailleurs que le malheureux Calas se défendit fort mal. Que n'avait-il pour lui des débats publics et un avocat qu'il ne trouva qu'après sa mort (1) !

M. le vicomte de Bastard, ancien procureur général à la Cour de Riom, maintenant conseiller à la cour de Paris, dans son livre *des Parlements*, a discuté la procédure de l'affaire Calas et paraît trouver dans les circonstances de la cause l'im-

(1) Cette prohibition des avocats dans les causes criminelles paraît remonter à Louis le Débonnaire. M. Gaudry, *Histoire du barreau de Paris*, cite le capitulaire suivant : » Si quando in causa capitali... non per procuratores sed » per ipsos agendum, in omni causa capitali seustatus » non per advocatum, sed per personam sit agendum. »

possibilité d'un suicide et la preuve d'un assassinat. Mais M. de Bastard, dont les ancêtres ont occupé d'honorables fonctions dans le parlement de Toulouse, est un peu l'avocat de ce parlement. De sa discussion même que nous avons lue avec beaucoup d'attention il résulte qu'il n'y avait aucun corps de délit certain; car aucun médecin ou chirurgien, aucun homme de l'art en un mot ne concluait à l'assassinat. Or il faut une certitude pour une condamnation aussi grave.

En effet, Latour, professeur à l'Ecole de médecine, Puyronet et Lamarque, appelés dans le premier moment, déclarèrent que Marc-Antoine Calas avait été pendu encore vivant, *ou par lui-même ou par d'autres*, avec une corde double.

Remarquons dans ce procès cette lacune capitale qui aurait été certainement réparée dans notre procédure criminelle d'aujourd'hui. Devant la cour d'assises telle qu'elle se comporte aujourd'hui, non-seulement on eût rappelé et vivement interrogé ces médecins, mais on aurait eu recours aux lumières des hommes les plus en réputation.

Le 25 brumaire an II, Barrère entrait dans la salle de la Convention et entendit Thuriot qui faisait adopter en faveur des héritiers de Labarre et de Morinval, condamnés à mort pour sacrilége, un décret de réhabilitation et de restitution des biens. Pourquoi, s'écria-t-il, ne pas réhabiliter aussi Calas et ne pas élever à la place où il mourut, un monument avec cette inscription : *La Convention nationale à la nature, à l'amour paternel!* (On applaudit.)

Thuriot, qui savait mieux son histoire parlementaire que Barrère, fit observer que Calas avait été déjà réhabilité.

Toutefois une séance postérieure de la Convention nous apprend que la proposition de Barrère avait été adoptée et qu'on devait élever un monument avec l'inscription : *La Convention nationale, à la nature à l'amour paternel, à Calas victime du fanatisme.* Cette colonne devait être construite de marbre *arraché au fanatisme dans les églises supprimées.* On accorda 36,000 fr. au descendant de Calas qui, avait dit Barrère, se faisait remarquer aux Jacobins *par la pureté de son patriotisme.*

1772

Affaire de Montbailly.

Une femme nommée Montbailly vivait à Saint-Omer avec son fils et sa bru. Ceux-ci l'aidaient dans la culture du tabac dont elle avait obtenu la concession. Cette femme paraît avoir haï sa bru sans motif; elle la persécuta tellement que cette jeune femme sortit de la maison. Son mari désolé lui fit ordonner par la justice de réintégrer le domicile conjugal. La mère continua ses procédés désobligeants; cependant on affirme que la veille de l'événement la mère était venue s'asseoir chez les enfants, justement pour sceller une réconciliation.

Dans la nuit du 27 au 28 juillet 1770, la femme Montbailly, peut-être ivre (elle avait la funeste habitude de boire beaucoup d'eau-de-vie), tomba sur un coffre placé près de son lit. Quand on la trouva gisante le lendemain matin, elle avait une plaie profonde près de l'œil droit; le nez et les joues étaient bouffis et livides; un caillot de sang bouchait les narines.

La rumeur publique méconnaissant l'évidence, s'attachant seulement à la pensée qu'il y avait eu des dissentiments entre la mère et les enfants, accusa ceux-ci de parricide. Ils furent traduits devant les juges de Saint-Omer qui ordonnèrent un *plus amplement informé* d'un an. Le procureur du roi appela de cette sentence au conseil d'Artois qui condamna Montbailly et sa femme à la peine des parricides.

Montbailly la subit avec résignation et en protestant de son innocence; sa femme était grosse d'un second enfant, elle obtint un sursis.

Son père et sa mère demandèrent la révision du procès. Elle fut accordée et Montbailly et sa femme proclamés innocents par jugement du 8 avril 1772.

1765

—

Procès de Lally.

Le comte de Lally voulait que la France soutînt les prétentions du prince Edouard au trône d'Angleterre. La politique de la France ne s'y prêta pas. Lally demeura l'ennemi juré des Anglais, il proposa au comte d'Argenson, alors ministre de la guerre, de l'envoyer dans l'Inde pour combattre et, s'il se pouvait, anéantir leur influence. D'Argenson prévoyait tout ce que le caractère hautain et inflexible de Lally lui préparait d'obstacles et d'inimitiés; mais sur l'insistance de la Compagnie des Indes, il revêtit Lally des pouvoirs qui lui étaient demandés. Contrarié, retardé par les éléments dans la traversée, il trouva les Anglais arrivés avant lui. L'escadre française se laissa décourager par un premier désavantage et refusa d'assister le général de terre. Réduit à une petite armée mal disciplinée, Lally eut cependant de premiers succès et donna de nouvelles preuves d'une bravoure qui s'était signalée à la bataille de Fontenoi. Mais il lui aurait fallu plus d'hommes et plus d'argent ; et cet argent qu'il démandait pour le succès de son expédition, on crut ou on feignit de croire qu'il le demandait pour lui-même. Il passa dans l'esprit du plus grand nombre pour cupide et pour cruel. La haine qu'il excita alla jusqu'à vouloir deux fois l'assassiner. Un commissaire ordonnateur qui lui restait fidèle fut tué à ses côtés. Il est vrai que dans les ordres qu'il donnait, il passait toute mesure, il écrivait, par exemple, des phrases comme celle-ci qu'il a publiée lui-même : « J'ai fait dresser des potences et j'y » ajouterai des roues, s'il le faut. »

Il ne restait plus qu'à le traiter de lâche.

C'est ce que fait le conseil de Pondichéry en l'accusant d'avoir rendu (on disait même vendu) cette place aux Anglais plutôt qu'il ne fallait. Et cependant il est constaté que la place manquait de vivres et que les Anglais traitèrent Lally prisonnier sans ménagement.

Le conseil de Pondichéry était nombreux il était puissant, il avait besoin de rejeter sur un seul homme la responsabilité des dilapidations dont souffrait depuis longtemps la Compagnie, et des pertes qu'elle avait faites de ses comptoirs. Que pouvait une seule voix contre tant de voix réunies, que pouvait un homme maladroit dans toutes ses démarches, emporté jusqu'à la fureur, contre des hommes adroits, cauteleux et d'accord pour répéter les mêmes accusations? Lally était à la Bastille et ses ennemis étaient libres. On informa contre d'autres que lui, mais ils furent acquittés, et il semble qu'on les tira d'affaire pour le dévouer seul à l'indignation publique.

La procédure contre le comte de Lally fut laissée de côté pendant quinze mois. Pour la reprendre et la précipiter on eut un prétexte plutôt qu'une raison vraie. A la mort du père Lavaur, jésuite, on trouva chez lui un écrit qui résumait tous les faits au désavantage de M. de Lally.

Dans ce procès M. de Lally eut fort tard des défenseurs. Nous avons sous les yeux deux *factums* de lui ou de ses conseils dont le ton est bien différent. L'un est un mémoire judicieusement écrit où les faits sont exposés avec sagesse et discutés avec une chaleur modérée, où la discussion est mesurée et aussi inoffensive que possible. L'autre est un *factum* écrit avec emportement où l'accusé se retourne avec fureur contre ses accusateurs et les charge peut-être au-delà de leurs méfaits. Ainsi cet écrit intitulé : *Tableau historique de l'expédition de l'Inde*, accuse le comte d'Aché, chef de l'escadre, d'inertie et d'inhabileté, MM. de Bussy et de Moracin de faire la guerre à la bourse des princes noirs pour leur propre compte, et M. de Bussy en particulier de s'être fait prendre exprès par les Anglais dans une bataille contre eux. Et cependant de Bussy est appelé par M. de Saint-Priest (la perte de l'Inde sous Louis XV) un vaillant chevalier, un vrai paladin de la Table-Ronde, et Lally lui-même lui écrivait, le 13 juin 1758 : « Vous » avez travaillé jusqu'à présent pour la » gloire du roi et du nom français. Toute » la France vous rend justice et vous êtes » fondé à prétendre aux grâces de Sa Ma- » jesté. » Il accuse M. de Leyrit, gouverneur de Pondichéry, d'avoir laissé prendre par la Compagnie le Bengale qu'il pouvait sauver par un envoi de 300 hommes. Il accuse le conseil de Pondichéry tout entier de s'être nourri grassement pendant la disette générale, et ce qu'il y a de singulier, c'est que le conseil lui adresse les mêmes reproches ; il accuse le père Lavaur d'être le complice de ses assassins; et il le traite de scélérat ainsi que le père Saint-Estevan ; il accuse le procureur du roi d'avoir manqué à tous ses devoirs.

Après avoir ainsi excité comme à plaisir la colère de tous ses ennemis et de leurs protecteurs, il est dévoué à la mort, l'arrêt porte qu'il sera décapité comme dûment atteint et convaincu d'avoir trahi les intérêts du roi, de l'État et de la Compagnie des Indes, d'abus d'autorité, vexations et d'exactions. De tous ces griefs, il n'y en avait peut-être qu'un de juste, l'abus d'autorité; mais méritait-il la mort?

On aggrava encore la condamnation en lui mettant un bâillon sur la bouche, et il fut, comme l'a dit Gilbert, *en spectacle à l'échafaud traîné*. Horace Walpole témoigna à Mme Du Deffant toute son horreur pour un pareil supplice. Cependant l'Angleterre ne brille pas par l'humanité dans les exécutions.

Le comte de Lally avait écrit au moment de sa mort : *Je meurs sans reproches ; je laisse à mon fils le soin de venger ma mémoire.* Tout était romanesque dans le sort de ce fils ; sa légitimité même était douteuse. Agé de quinze ans à peine lorsque son père mourut, il attendit avec impatience sa majorité pour paraître en justice. A peine l'avait-il atteinte qu'il se pourvut devant le conseil en cassation de l'arrêt du parlement de Paris. La cassation fut prononcée à l'unanimité et le procès criminel renvoyé devant le parlement de Rouen pour être revisé devant ce parlement. M. de Lally-Tollendal nommé curateur à la mémoire de son père, pressait le jugement que retardaient les lenteurs du parlement de Rouen, lorsqu'un incident extraordinaire vint compliquer la cause et en faire un nouveau spectacle. Le parlement de Paris ne pouvait être mieux servi que par l'intervention devant le parlement de Rouen, de M. Duval d'Eprémesnil, avocat du roi au Châtelet, depuis conseiller au parlement de Paris. Il était neveu de M. Duval de Leyrit qui avait été gouverneur de Pondichéry et qui était mort quatre ans après la condamnation de Lally. L'arrêt qui avait supprimé les mémoires de Lally comme injurieux et faux étant cassé, Duval d'Eprémesnil présenta cette suppression comme intéressant l'honneur de son oncle et suffisante pour motiver son intervention. Aucun adversaire plus redoutable par son éloquence, par sa qualité de magistrat, par ses relations, ne pouvait combattre les efforts du fils pour réhabiliter la mémoire du père. Au parlement de Rouen, Duval d'Eprémesnil était pour ainsi dire en famille et Lally-Tollendal se plaint dans ses mémoires de l'aisance avec laquelle il traitait ses juges.

Divers incidents signalèrent la faveur que lui portait le parlement de Rouen. Lally-Tollendal abandonna la partie. Mais auparavant il avait prononcé trois plaidoyers Dans l'un deux il résume ainsi les procédés employés contre son père : « Sur ces pro-
» ductions monstrueuses, mon père est
» arrêté, chargé de fers, oublié pendant
» quinze mois dans le fond de son cachot,
» livré à une procédure criminelle. La
» première opération qu'on lui fait con-
» naître de cette procédure est un renver-
» sement de tous les principes, il se voit
» confronter comme témoins, comme dé-
» nonciateurs, ses plus mortels ennemis, et
» cela à l'abri d'un de ces propos vulgai-
» res qui trop souvent sont tout à la fois
» l'opprobre de notre raison et la règle
» de notre sort ; parceque, dit-on, ce sont
» des *témoins nécessaires*, comme s'il était
» nécessaire de ne jamais manquer de ver-
» ser le sang! comme si la première de

» toutes les nécessités n'était pas de se » conformer à la rigueur des lois et de » n'entendre que des témoins *au-dessus du* » *soupçon*, toutes les fois que l'on exerce » ce droit si équivoque de donner la mort » à ses semblables.... Abandonné à la » merci de tous ces faux témoins, livré » tout à la fois à une ligue de furieux et à » une troupe d'insensés, il se voit en butte » à tout ce que la rage a de plus cou- » pable et la stupidité de plus imbé- » cile. Il voit une noirceur, des méprises, » une ignorance inconcevable .... Survien- » nent des interrogatoires sur lesquels je » m'impose silence, mais sur lesquels je » produirai à la cour les notes qu'il m'a » laissées. Lui-même à la plupart des » questions qui lui avaient été faites » n'avait pu opposer d'autre défense que » la promesse de produire ses pièces, lors- » que la communication de ces pièces lui » serait accordée. L'interrogatoire fini, *il*

» *demande le conseil on le lui refuse*. Il de-
» mande la communication des papiers
» qui ont été trouvés sous les scellés et qui
» doivent servir à sa défense; on la lui
» refuse... Abandonné à lui seul, sans lu-
» mières, sans secours, obligé, à l'âge de
» 65 ans, de répondre de mémoire et d'ima-
» gination sur des faits passés depuis 6 ans
» à 6,000 lieues et sur une foule de ques-
» tions subtiles, presque inintelligibles
» pour un homme qui ne s'est jamais
» exercé à combattre que les ennemis de
» l'État, il prend enfin la plume. Ah! je
» veux qu'il ait écrit en soldat irrité qui ne
» connaît que la vérité, son honneur et sa
» vengeance; je veux qu'au milieu des
» horreurs qui le dévoraient, il ait exhalé
» son courroux contre les auteurs de son
» infortune, contre le sieur Leyrit, dont il
» voyait la signature dans plusieurs des
» écrits fournis contre lui; je veux qu'il
» ait dit contre eux, non-seulement tout ce

» qu'il savait, mais tout ce qu'il croyait ;
» je veux même qu'il ait été aussi vindi-
» dicatif que ses ennemis étaient barbares,
» qu'il ait trempé sa plume dans le fiel
» dont on l'abreuvait depuis quatre années
» entières. Qu'en résultera-t-il ? J'en ap-
» pelle à tous ceux qui m'entendent. Fut-il
» jamais homme plus outrageusement, plus
» cruellement, plus impitoyablement *pro-*
» *voqué* ? »

M. de la Cuisine, magistrat honorable et érudit, auteur d'une histoire du parlement de Bourgogne, croit à la culpabilité de Lally et par conséquent à la justice de l'arrêt de Dijon. Mais M. de la Cuisine est en général hostile aux révisions ; il défend même les juges de Calas. Dans le cours de la discussion, il avance quelques faits que je ne crois pas exacts, il dit que Lally voulait avec son compas assassiner M. Pasquier, conseiller rapporteur ; je n'ai trouvé nulle part la trace de ce fait. M. de la Cuisine dit aussi que Lally a obtenu par exception la liberté d'écrire pour se défendre ; mais s'il l'a obtenue, c'a été, comme l'a remarqué son fils, après que la rigueur d'une longue prison avait poussé au comble son exaspération.

Au parlement de Dijon nouveaux et plus grands efforts. Jamais Cicéron n'eut une aussi belle cause à défendre, et l'on ose dire que certains mouvements de Lally sont égaux aux plus beaux mouvements de Cicéron. D'Eprémesnil lui avait reproché de troubler les cendres de son père par d'imprudents souvenirs. Lally répond :

« Cette ombre que l'on a invoquée pour » l'insulter avec tant d'inhumanité, je n'ai » cessé de la voir. Elle est restée attachée » à mes pas plaintive, désolée, me de- » mandant vengeance et accusant ma fai- » blesse. Le jour, la nuit, à cet instant » même plus que jamais, sa douleur me » poursuit, son aspect me déchire, ses re-

» proches m'accablent, je l'entends qui
» me crie : Mon fils, et tu étais présent ! et
» j'ai été outragé à ce point ! tu as pu
» l'écouter, tu as pu le laisser achever ce
» discours impie que l'on prête à ton
» père ! tu ne t'es pas élevé dès le pre-
» mier mot ! tu n'as pas imposé silence à la
» voix qui blasphémait la nature et la vé-
» rité ! Moi, t'exhorter à ne pas m'imi-
» ter ! ah ! j'eus des défauts sans doute,
» mais dis, crois-tu pouvoir jamais être
» plus attaché à tes devoirs, plus fidèle à
» tes devoirs, plus fidèle à ta patrie, plus
» idolâtre de ton roi, plus prodigue de ton
» sang pour l'une et pour l'autre que ton
» père l'a été ? Moi, t'exhorter à ne pas
» me défendre ! Tu sais si c'est là ce que je
» t'ai demandé, ce que j'ai attendu de toi
» en mourant ! Tu as lu mes derniers
» écrits. Tu as entendu ceux qui ont reçu
» mes dernières paroles ; tu sais si dans le
» fond de mon cachot, si à la face des au-

» tels témoins de ma condamnation, si en
» descendant de l'horrible tombereau dans
» lequel ils m'avaient garrotté, si à l'as-
» pect de l'échafaud qui allait recevoir
» mon sang, si en posant le pied sur le fu-
» neste échelon, j'ai tracé une seul ligne,
» proféré un seul mot, fait un seule geste
» qui ne fût un garant de mon innocence!
» Ma voix, ma voix fût restée libre, lors-
» qu'on me traînait au supplice, si elle eût
» parlé le langage qu'on ose me faire tenir
» quand je n'existe plus pour le confondre.
» Les cruels! ils ont voulu m'ôter l'honneur
» ils m'ont ôté la vie et ils ne veulent pas
» même me laisser reposer en paix au sein
» de la mort que je leur dois; ils viennent
» m'arracher à mon lugubre asile pour me
» faire dévorer encore de nouvelles insultes;
» et ne sachant plus quels tourments in-
» venter, ils ont fini par forcer ma bouche
» à me calomnier, après l'avoir empêchée
» autrefois de me défendre. Et tu l'as souf-

» fert ! Qu'est devenue ta tendresse! qu'est » devenu ton courage ! N'ai-je plus de » vengeur ! n'ai-je plus de fils ? »

Il est certain que ce morceau a la couleur du style philosophique du dix-huitième siècle, du style de Jean-Jacques, qu'il approche quelquefois du ton déclamatoire; mais la situation est si intéressante, le nom sacré de fils retentit si bien dans tous les cœurs, qu'il attendrit le lecteur comme il a sans doute attendri l'auditeur.

Les plaidoiries de d'Eprémesnil sont beaucoup moins connues que celles de Lally. Elles offrent cependant aussi des morceaux remarquables. Le nom du roi avait été hautement invoqué, et la protection de la cour pour la cause de Lally ne paraissait pas douteuse. M. de Vergennes, ministre des affaires étrangères, assistait aux audiences. C'est dans cette position que d'Eprémesnil s'essayant à combattre la cour et le roi, dit aux juges :

« Mon adversaire ira au roi et bien moi » je l'y suivrai, le roi l'écoutera parce » qu'il est bon, le roi m'écoutera parce » qu'il est juste ; je laisserai, comme j'ai » fait ici, un libre cours à ses déclama- » tions et à mon tour je répondrai : Sire, » ne souffrez pas qu'une fausse pitié » s'empare de votre cœur. La vraie bonté » des rois, c'est la justice ; l'innocence » des lois, la majesté des tribunaux qui » tiennent de vous tout leur éclat, la vérité » m'ont précédé à vos pieds et m'envi- » ronnent. Cette vérité, Sire, vous an- » nonce par ma bouche que le général » Lally a trahi dans l'Inde le feu roi votre » aïeul, que Votre Majesté daigne compter » et peser les témoignages, examiner les » pièces, suivre les faits. » (Ici l'orateur examine les crimes ou prétendus crimes du général Lally, puis il continue.) « Et » c'est pour l'auteur de tous ces crimes, » c'est pour l'homme coupable d'une tra-

» hison aussi marquée qu'on vient, Sire,
» non pas demander grâce à Votre Ma-
» jesté, mais l'assurer que votre parle-
» ment à sciemment sacrifié par un arrêt
» unanime l'homme juste aux cris d'une
» cabale acharnée, comme si les preuves
» écrites et les aveux de l'accusé ne ve-
» naient pas à l'appui des témoignages !
» comme s'il était possible que des hom-
» mes se réunissent les uns pour inventer,
» les autres pour accueillir au nom de la
» justice, au vôtre, Sire, autant d'horreurs !
» comme s'il se pouvait que toute une co-
» lonie, que tout un tribunal missent à la
» fois dans leur conduite autant d'acharne-
» ment et de sang-froid, autant de fureur
» et de combinaison ! Une telle défense,
» Sire, est une preuve de plus contre le
» traître. Que Votre Majesté daigne enfin
» remonter aux principes de ces déclama-
» tions séditieuses, qu'elle daigne appro-
» fondir les intrigues particulières qui les

» ont suscitées, maintenues, fomentées,
» propagées. On m'a défié de montrer
» les ressorts, de nommer les agents, d'in-
» diquer le but secret de ces intrigues.
» J'accepte le défi, et si Votre Majesté me
» l'ordonne, je lui dirai ce que sait toute
» la France et ce qu'on a dissimulé à Votre
» Majesté, et dans ce chaos éclairci, Votre
» Majesté démêlera sans peine ses bons
» et loyaux serviteurs, elle en imposera
» aux ennemis de sa justice et de sa gloire.
» Qu'à la voix souveraine de Votre Ma-
» jesté, tous ces fantômes longtemps nour-
» ris dans les ténèbres rentrent enfin et
» pour toujours dans le néant. Toute la
» France vous en conjure. »

Le parlement de Dijon répondit aux espérances de d'Eprémesnil. On peut même dire qu'il les combla. Voir l'arrêt de Dijon au mot *Duval de Leyrit, Biographie universelle de Michaud.*

Que devint ensuite cette affaire ?

On l'ignore généralement. Mais dans des notes que M. le duc Pasquier a faites pour l'instruction de M. de la Roquette auteur de l'article *Duval de Leyrit* et que celui-ci a bien voulu me communiquer, je lis que Lally-Tollendal présenta une nouvelle requête au conseil d'État, qu'elle était appuyée sur les opinions des philosophes et sur celles des hommes de lettres plutôt que sur les lois et les faits de la cause, et qu'une ordonnance de propre mouvement rétablit Lally-Tollendal et dans tous les droits d'héritier légitime du général Lally, et c'est sans doute ainsi, dit M. le duc Pasquier, que Lally-Tollendal a pu se présenter à l'Assemblée des électeurs de la noblesse et qu'il fut nommé à l'Assemblée constituante.

Lally-Tollendal reçut de Louis XVIII, cette devise : *intaminatis fulget honoribus*. La faveur qui fit obtenir à Lally-Tollendal les arrêts du conseil fut due, selon M. le duc Pasquier, à la bienveillance très-prononcée de la reine pour la famille Dillon.

1780

—

Procès de Maret, ermite d'Aignay.

Attaqué dans son ermitage par trois malfaiteurs, Maret désigne Gentil et Vauriot. Le premier est pendu, le second condamné aux galères perpétuelles et y meurt.

A la foire de Dijon, une femme de la famille Gentil s'arrête : il y avait exhibition des figures de célèbres voleurs de Montargis. On expliquait leurs attentats. Cette explication rappelait les procédés des voleurs de l'ermite. Bien plus, on se procure les jugements qui ont condamné ces hommes, et l'un de ces jugements est relatif au vol d'un ermitage. On les confronte à Maret, qui persiste dans ses premières désignations. Néanmoins ils sont reconnus coupables. L'un d'eux même fait un aveu positif et détaillé. La condamnation sauve l'existence de trois hommes qui languissaient dans les prisons, impliqués dans cette accusation. Quant à ceux qui avaient péri, le premier arrêt est revisé ; leur mémoire est lavée du crime. Dans cette affaire parut un mémoire de Godard, avocat de Dijon, depuis membre de la première Assemblée législative. Godard suivait avec plus de modération les traces de Dupaty. M. Jacquinot-Godard, mort conseiller à la Cour de cassation, possédait une curieuse correspondance entre Godard et Dupaty.

Louis XVI accorda sur sa cassette une indemnité pécuniaire aux héritiers des malheureux condamnés qui purent être retrouvés.

1783

Procès de Lardoise, Simare et Bradier, condamnés au supplice de la roue.

Trois paysans, accusés de vol avec effraction et de tentative d'assassinat, avaient été traînés de juridiction en juridiction, de prison en prison; ils avaient été condamnés par le bailliage de Chaumont aux galères perpétuelles, et le parlement de Paris aggravant la peine les avait condamnés à la mort et au supplice de la roue.

Dupaty, président à mortier au parlement de Bordeaux, descendit dans la prison, embrassa leur cause, obtint une surséance à l'exécution de l'arrêt, et pour faire reviser cet arrêt fatal, publia un mémoire anonyme dans lequel il mêla à la défense de ses clients la critique générale des lois criminelles de France. On aimerait mieux qu'un président à mortier chargé de faire exécuter les lois eût confié à quelque avocat célèbre la démonstration de l'injustice particulière qui frappait des malheureux. On admire l'énergie de Dupaty et on ne saurait absolument condamner un *factum* qui a sauvé trois existences; mais il est certain que le président à mortier n'était pas dans son rôle. C'est ce que fit ressortir l'avocat général Séguier qui dénonça le mémoire au parlement. « Ce n'est pas » ainsi, dit-il, que la vérité s'annonce, » c'est avec modestie, c'est avec simplicité, » avec timidité même, en proposant des » doutes respectueux. »

Il y a dans le mémoire de Dupaty de la déclamation et de l'enflure, mais il y a aussi du feu et parfois une sensibilité communicative.

Le mémoire fut brûlé par la main du bourreau, mais les trois paysans furent absous.

Servan, avocat général au parlement de Grenoble, avait envisagé ses devoirs autrement que M. Séguier. Dans un discours public, il avait présenté sur les lois criminelles des observations qu'il eût peut-être mieux fait de réserver pour le souverain. Pénétré des idées de Beccaria qui venaient de se faire jour en France, voici comment il parlait de la question. « Ici un » spectacle effrayant se présente à mes » yeux ; le juge se lasse d'interroger par la » parole ; il veut interroger par les sup- » plices, impatient dans ses recherches » et peut-être irrité de leur inutilité. On » apporte des torches, des chaînes, des » liens et tous les instruments inventés » pour la douleur. Un bourreau vient se » mêler aux fonctions de la magistrature » et termine par la violence un interroga- » toire commencé par la liberté.

» Est-il bien vrai que nos lois approu- » vent cette méthode inconcevable et que

» l'usage la consacre? Ah ! sans doute on » peut ordonner la question ; mais si c'est » la vérité que nous cherchons, est-ce dans » le trouble de la douleur que nous espé- » rons la trouver? »

Plus loin Servan agite la grande question de la peine de mort.

« Eh ! qui sait jusqu'où notre cou- » rage peut aller? qui sait si nous n'imi- » terons pas cette auguste souveraine qui » marqua l'avénement de son règne par » l'abolition de la peine de mort? qui » sait si l'humanité ne volera pas des » extrémités du Nord vers nos contrées? » Embrassons cette idée, elle honore, » elle console le cœur humain ; du moins » ne la rejetons pas avec cette précipitation » dont on nous accuse pour tant d'autres » vérités salutaires. »

L'impératrice dont il est ici question est Elisabeth, impératrice de Russie ; il peut être curieux de voir ce que dit

Rulhière de cette suppression de la peine de mort :

« Elisabeth par sa bonté même lais-» sait commettre une infinité de maux. » Cette princesse, douce sans être clé-» mente, avait fait serment de ne punir » personne de mort. Mais cette indulgence » consistait uniquement dans une horreur » superstitieuse de tout ce qui pouvait lui » rappeler l'idée de la mort. C'était afin » d'en écarter jusqu'à la moindre pensée » qu'elle n'osait en signer l'ordre pour un » criminel. Pourvu que le sang ne fût » point versé, les ordres les plus sévères, » s'ils étaient demandés par un favori, » ne coûtaient rien à la bonté de son » cœur : elle laissait exercer dans tout » son empire une effroyable tyrannie. Les » cachots étaient peuplés d'une multi-» tude de malheureux. Un tribunal, nom-» mé l'inquisition d'État, destiné de » tout temps à porter l'effroi dans le

» sein des familles, à recevoir en secret » les délations des esclaves contre leurs » maîtres et qui prononce ses horribles » décrets avec le même mystère n'avait » jamais apporté à ses fonctions plus de » vigilance et plus de rigueur. Les gou- » verneurs des provinces se jouant avec » une atroce subtilité du serment de » leur souveraine, faisaient attacher des » hommes en croix, et, sans leur ôter la » vie, les faisaient abandonner au fil de » l'eau sur les grandes rivières qui tra- » versent ces déserts. »

(Rulhière, *Histoire de l'anarchie de Pologne.*)

Lorsqu'au moment de se séparer, la Convention discutait l'abolition de la peine de mort, Hardy s'écria : Souvenez-vous que Joseph II ayant supprimé la peine de mort, les meurtres se multiplièrent à tel point qu'il fut obligé de la rétablir.

Si je fais ces observations, ce n'est pas que j'aie de parti pris sur cette grande question qu'heureusement je ne suis pas appelé à trancher. J'avoue qu'en composant ce recueil, j'ai été sensiblement touché de deux exemples de condamnations à mort qui eussent été irréparables, tandis que les circonstances atténuantes ont amené la possibilité d'une réparation.

Mon honorable ami, M. de Molènes; juge au tribunal de la Seine, proposait de confier exclusivement aux magistrats composant la cour d'assises l'appréciation des circonstances atténuantes.

1781 ET 1785

—

Affaire de la fille Salmon.

Le 1er août 1781, arrivait à Caen, venant de Bayeux, une jeune fille d'environ vingt ans, Victoire Salmon.

Elle cherchait à se placer comme domestique.

La maison Duparc lui fut indiquée.

C'était une maison où le service était dur et mal rétribué. Il y avait sept maîtres à servir, un cheval à panser, cinquante livres de gages.

Victoire y entra. La dame Duparc, qui tenait la maison, lui donna ses instructions.

Une de ces instructions était de préparer tous les matins pour sept heures une bouillie *sans sel* qui devait être mangée par le sieur Paisant, père de la femme Duparc, vieillard de 88 ans.

Le 6 août, Victoire sortit à 6 heures du matin pour acheter le lait nécessaire à la bouillie. Le laitier n'était point arrivé. Il l'apporta plus tard. Ce fut la femme Duparc qui le reçut. Elle donna à Victoire le pot de terre qui contenait la farine. Victoire la délaya sans aucun mystère. Contrairement à l'instruction qu'elle avait donnée, la femme Duparc *saupoudra de sel* la bouillie.

La bouillie fut mangée à sept heures; à neuf heures et demie le vieillard fut pris de coliques et de vomissements. Malgré des vésicatoires qui lui furent apposés, à cinq heures et demie du soir, il expirait.

La garde qui vint pour l'ensevelir trouva Victoire en prière à côté du cadavre.

Le lendemain il fallut préparer le dîner. Victoire qui avait veillé près du mort était extrêmement fatiguée. On l'aida. La demoiselle Duparc tailla et trempa deux soupes, l'une avec le bouillon du jour pour les maîtres, l'autre avec le bouillon de la veille pour la garde et la servante.

Tout à coup le plus jeune des enfants Duparc se plaignit d'avoir senti quelque chose qui croquait sous les dents. La dame Duparc s'écria qu'elle avait fait la même observation.

Quelque temps après le jeune Duparc se plaignit de maux d'estomac.

Six autres convives se plaignirent de douleurs semblables. Ah! s'écria la dame Duparc, nous sommes tous empoisonnés. On sent ici l'odeur d'arsenic brûlé. Un sieur Fergant, cordonnier, qui venait faire visite s'écria que l'odeur était saisissante. Thierry, apothicaire, qui avait été averti, se fait représenter les vases et ustensiles de cuisine. Qu'est-ce que cela? dit-il à Victoire. — Je n'y comprends rien, répondit cette fille.

Cependant la rumeur populaire publie que la servante des Duparc les a tous empoisonnés à commencer par le vieux père

La servante est entourée, accablée d'invectives. Elle tombe sur une chaise. On la couche.

La dame Duparc va de tous côtés accréditant le bruit de l'empoisonnement.

Un chirurgien, nommé Hébert, visita les poches de Victoire. Il y trouva des miettes de pain où, dit-il, se mêlent des grains blancs et luisants de différentes grosseurs. Un sieur Dubreuil, médecin, enveloppe ces miettes dans un papier et les emporte.

Un sieur Friley, avocat au bailliage de Caen, se charge de faire écrouer Victoire. Il dissimule sa démarche.

Un commissaire de police, qui ne se fait pas connaître pour ce qu'il est, emmène Victoire à la prison.

Elle n'en sortira pas de longtemps. A l'accusation d'empoisonnement vient s'ajouter une accusation de vol.

On a de nouveau fouillé Victoire et on a trouvé sur elle une clef. Cette clef est, dit-on, la clef d'une armoire. Cette armoire se trouvait dans un appartement voisin de l'appartement Duparc. On l'ouvre, et on y trouve des hardes appartenant aux Duparc. C'est, dit-on, Victoire qui les a placées là pour les dérober.

Ou bien, chose plus probable, ce sont les accusateurs de Victoire qui les ont placées là avec quelques effets appartenant à la fille Salmon.

Nouvelle instruction sur le vol. Et le 17 avril 1782, conclusions du procureur du roi afin que Victoire soit déclarée convaincue d'avoir mis de l'arsenic dans la bouillie du vieillard, — convaincue d'avoir mis de l'arsenic dans la soupe servie au dîner à la suite duquel dîner les convives ont été dangereusement malades (fait matériellement faux), — convaincue d'avoir pendant son séjour dans la maison des sieur et dame Duparc en qualité de servante pris divers effets, et *notamment plusieurs pièces de fil.*

Et en conséquence le procureur du roi requiert qu'elle soit condamnée à faire amende honorable en chemise et la corde au col, tenant en main une torche de cire ardente du poids de dix livres, au-devant de la principale porte et entrée de l'église Saint-Pierre, où elle sera amenée par l'exécuteur des hautes œuvres qui attachera devant elle et derrière son dos un écriteau où seront écrits en gros caractères ces mots : *empoisonneuse et voleuse domestique*, et là, étant à genoux, qu'elle déclare que méchamment elle a commis lesdits vols et empoisonnements dont elle se repent et demande pardon à Dieu et à la justice ; ce fait, qu'elle soit conduite par ledit exécuteur sur la place du marché Saint-Sauveur pour y être attachée à un poteau avec une chaîne de fer et brûlée vive, son corps réduit en cendres et icelles jetées aux vents, ses biens confisqués et acquis à qui il appartiendra, et que, préalablement, elle soit appliquée à la question ordinaire et extraordinaire pour avoir révélation de ses complices et notamment de ceux qui lui ont vendu ou donné l'arsenic dont elle a été saisie.

Remarquons dans ces conclusions la peine de mort demandée pour un vol d'objets de la plus minee importance.

Remarquons la question demandée pour révélation *de complices* dont rien dans la procédure n'annonçait l'existence.

Remarquons enfin que la preuve de la vente de l'arsenic manquait entièrement.

Quoi qu'il en soit, sentence conforme portée *le lendemain.*

Appel de droit au parlement de Rouen.

Le 17 mai, en l'absence du procureur général (M. de Belbœuf), sur les conclusions du substitut, frère du procureur du roi de Caen, la sentence de Caen fut confirmée.

Quand Victoire apprit sa condamnation

en apparence définitive : Ah! bon Dieu quelle horreur! s'écria-t-elle. Et elle tomba sans connaissance.

Dans la chambre où on la transporta se trouvaient par bonheur trois ecclésiastiques. L'un d'eux, l'abbé Godé, qui vit son désespoir, lui fit espérer que le garde des sceaux qui se trouvait à Rouen la protégerait si elle était innocente.

Un de ces messieurs intéressa avec beaucoup de peine à la cause de Victoire un avocat de Rouen, nommé Lecauchois.

On conseilla à Victoire de se déclarer enceinte. Elle eut recours à cette extrême ressource que lui permettait l'ordonnance de 1670. Fouquier-Tinville ne la laissait pas aux femmes qui devaient comparaître devant son tribunal.

Lecauchois, à qui la procédure fut communiquée, se mit à la besogne avec le plus grand zèle. Il se convainquit par cette lecture de la précipitation et des vices de l'instruction. Il présenta une requête au roi et demanda surséance.

Le 26 juillet 1782, le sursis fut accordé. Trois jours plus tard la fille Salmon devait être *brûlée vive*.

Alors M. Lecauchois se pourvut au conseil.

Le 22 février 1783, l'apport de la procédure secrète au greffe du conseil fut ordonné.

Le 18 mai 1784 (après 15 mois d'examen), les maîtres des requêtes furent unanimement d'avis de la révision demandée.

Le 14 août 1784, le parlement de Rouen reçut des lettres patentes pour procéder à cette révision, même à nouveau jugement, si besoin était.

Le 3 décembre 1784, le mémoire sur la révision fut signifié au procureur général.

Le 22 mars 1785, fut rendu l'arrêt suivant : *La cour*, vu les conclusions du procureur général et le rapport du sieur Latour d'Anneville, conseiller, faisant droit sur les lettres de révision, ensemble sur l'appel, a mis et met l'appellation et ce dont est appel au néant, corrigeant et réformant, a ordonné et ordonne qu'il sera *plus amplement informé* contre Marie-Françoise-Victoire Salmon, pendant lequel temps elle gardera prison, au surplus ordonne que la requête imprimée, ensemble le supplément à icelle fourni par ladite Salmon seront supprimés comme injurieux et calomnieux pour les juges du bailliage de Caen et pour plusieurs citoyens de la même ville.

Plus amplement informé! et l'instruction durait depuis quatre ans! Retenue en prison! et elle y était depuis quatre ans, dont vingt-huit mois au secret!

Il paraît que l'arrêt laissait de côté le réquisitoire du procureur général (quoiqu'il le visât) qui avait conclu à l'information contre huit coupables non désignés et à l'audition de quatorze témoins.

Cet arrêt dut donc être attaqué et le fut en effet.

Et le 20 novembre 1785, le roi étant en son conseil, rendit un arrêt qui cassait et annulait l'arrêt du parlement de Rouen et renvoyait la cause devant le parlement de Paris.

C'est alors que parut, le 7 avril 1786, une célèbre consultation de Me Fournel, avocat de Paris et plus tard bâtonnier de l'ordre. Il prouvait que Victoire Salmon n'avait aucun intérêt à commettre de pareils crimes, qu'on n'en était pas aussi certain du côté de la famille Duparc, et il signalait certaines raisons de la soupçonner.

On y lisait : Les vœux universels se réuniront donc pour que la fille Salmon obtienne la prise à partie contre les officiers du siége de Caen : savoir contre ceux qui ont été les auteurs de ces malversations et contre ceux qui en ayant eu connaissance les ont autorisées par leur suffrage.

En vain, pour échapper aux effets de cette prise à partie, ces officiers feraient-ils valoir la sanction précaire dont la procédure fut honorée par le parlement de Rouen. L'événement a prouvé qu'ils ne devaient cet avantage momentané qu'à la surprise faite à la religion du parlement.

On ne doit pas craindre les déclamations hasardées par les juges de Caen dans leurs remontrances du 6 mars 1785 adressées au parlement de Rouen, dans lesquelles ils font entendre que ce serait avilir la justice que d'en livrer les ministres à une poursuite rigoureuse.

Avilir la justice, c'est mépriser les plus précieuses lois de la sûreté des citoyens; violer ouvertement les formalités sacrées; fermer les yeux sur la vérité pour aller au-devant de la fiction, supposer des délits imaginaires, pour les faire suivre de peines cruelles et solliciter ensuite l'impunité, sous le prétexte de considérations politiques ; voilà ce que c'est qu'avilir la justice.

Mais en arrachant un innocent au supplice, lui offrir une juste réparation de cinq années de tribulations et de souffrances ; punir la violation des lois protectrices de la vie et de l'honneur des citoyens ; venger la surprise faite à la religion d'une cour chère à tous les Français, et dont la nation s'honore ; rassurer la société alarmée et prévenir par de sages précautions le retour du scandale, ce n'est point là flétrir la justice, c'est la défendre, c'est en maintenir la pureté et la présenter au peuple avec tout son lustre et tout son éclat.

Mais à ce point de vue au moins Fournel ne réussit pas. Le reste de l'arrêt fut tout à fait favorable.

« La cour, faisant droit sur l'appel in-
» terjeté par Marie-Françoise-Victoire
» Salmon de la sentence du bailliage de
» Caen du 18 avril 1782, met l'appella-
» tion et ladite sentence au néant ; émen-

» dant, décharge ladite Salmon de toutes
» les plaintes et accusations contre elle
» intentées à la requête du substitut du
» procureur général du roi audit bailliage;
» en conséquence ordonne que les écrous
» seront rayés et biffés de tous registres
» où ils ont été inscrits, et que mention sera
» faite du présent arrêt en marge d'iceux,
» à ce faire tous greffiers dépositaires des-
» dits registres contraints; quoi faisant,
» déchargés, comme aussi ordonne que les
» effets appartenant à ladite Salmon lui
» seront rendus, à ce faire tous dépositaires
» d'iceux pareillement contraints par corps;
» quoi faisant, déchargés, sauf à ladite Sal-
» mon à se pourvoir contre ses dénoncia-
» teurs ainsi qu'il appartiendra. »

Victoire Salmon, mise en liberté, devint l'objet d'une curiosité générale. A peine sortie de prison, elle reçut une ovation sur les marches mêmes du palais. Partout où elle paraissait, on signalait sa présence.

Son histoire finit comme les contes qu'on fait aux enfants. Elle se maria et obtint un bureau de papier timbré.

Linguet, dans ses *Annales civiles, politiques et littéraires*, fait sur l'affaire Salmon les réflexions suivantes :

Que serait devenue Salmon si on ne lui avait pas suggéré l'idée de s'accuser faussement d'une faiblesse, de se calomnier elle-même, pour obtenir le temps de se justifier d'un délit horrible non moins chimérique? Que serait-elle devenue si les *matrones*, plus justes que les premiers juges, n'avaient arrêté la main impitoyable qui la poussait dans la flamme?

DÉCRETS

ET

JUGEMENTS RÉVOLUTIONNAIRES

1792. — 1794.

—

Tassin de l'Étang. Boscary de Villeplaine. Tribunal révolutionnaire.

Il y a eu des degrés dans les atrocités révolutionnaires de 1792 et 1794. Le Fouquier-Tinville de 1792 n'était pas si féroce que le Fouquier-Tinville de 1793 et de 1794.

Le bataillon des Filles-Saint-Thomas qui se distingua surtout le 10 août 1792 par sa bravoure et sa fidélité au roi avait pour commandant en premier Tassin de l'Etang, banquier, et pour commandant en second, Boscary de Villeplaine, agent de change.

Son dévouement à la cause de l'ordre devait naturellement le signaler aux révolutionnaires comme une réunion d'hommes qu'il fallait sacrifier.

Après une enquête sur le 10 août, le jury

d'accusation, saisi d'une procédure intentée contre Tassin et Boscary, décida les 5 et 28 octobre 1792, sur le rapport de Fouquier-Tinville, qu'il n'y avait lieu à accusation.

Mais dix-huit mois après et sous le régime des jurés patriotes, lorsque Couthon disait : C'est un crime que d'avoir donné dans cette enceinte des défenseurs officieux au tyran accusé ; quand le tribunal révolutionnaire fait comparaître des amis de la tyrannie, c'est un crime que de se défendre, cette affaire fut *revue* sur les ordres du comité de salut public. Tassin fut arrêté. Le prétexte de la condamnation prononcée contre lui fut un repas de corps aux Champs-Elysées où les patriotes avaient été vexés par les grenadiers du bataillon des Filles-Saint-Thomas ; et au contraire dans le conflit qui avait été suscité par les Marseillais fédérés, un officier du bataillon avait été tué, plusieurs autres officiers et soldats avaient été blessés, les fédérés Marseillais n'avaient pas reçu une égratignure.

Tassin de l'Etang invoqua inutilement le jugement antérieur qui l'avait acquitté. Il fut condamné à mort ainsi que douze autres parmi lesquels était son frère, et le jugement fut exécuté le jour même de sa prononciation.

Boscary de Villeplaine avait su se dérober par la fuite à ce fatal dénoûment. Je l'ai vu vingt ans après faisant les honneurs d'un beau salon de la place Vendôme, dans un hôtel qui lui appartenait.

---

24 FRIMAIRE AN II.

—

Roquer, Tribunal militaire révolutionnaire.

Un tribunal révolutionnaire suivait l'armée de Strasbourg. Le 24 frimaire an II, sur le témoignage de quelques jacobins qui déclaraient que Roquer, capitaine commandant le premier bataillon des grenadiers de Saône-et-Loire, était *joueur de profession et suspect*, ce tribunal condamnait Roquer à être enfermé jusqu'à la paix dans la maison d'arrêt de Mirecourt. Le 11 thermidor an II, sur le rapport de Merlin de Douai, la Convention annula son jugement et ordonna que Roquer serait réintégré dans ses fonctions avec rappel de solde.

2 NIVÔSE AN II.

—

Affaire Beudot.

Beudot est condamné *à mort* par le tribunal criminel du département de Paris, *pour n'avoir pas affiché sur sa porte* la déclaration des objets par lui emmagasinés.

Gohier expose dans une lettre que cette omission est du fait du jeune fils de Beudot, qui avait seulement affiché *magasin de vin en gros*. Le tribunal, persuadé qu'il avait affaire à *un accapareur*, a posé la question de fait et non la question d'intention. De là condamnation *à mort*. Mais la Convention a le droit d'interpréter les lois qu'elle a données à la France. Dans la séance du 2 nivôse an II Bourdon de l'Oise demande *le sursis*. Il est décrété à l'acclamation générale.

Danton se lève et dit : On s'honore quand on sauve un innocent. Je vais signer *moi-même* le décret que la Convention vient de rendre. Il sort. La salle retentit d'applaudissements.

SÉANCE DU 11 PRAIRIAL AN X.

Convention nationale.

Carrier. Citoyens, je viens appeler votre indignation sur trois jugements rendus par le tribunal du département du Cantal lesquels condamnent *à la peine la plus légère* trois conspirateurs décidés et à une punition plus forte un des meilleurs compatriotes de mon département. Le premier de ces jugements condamne seulement à la détention pendant la guerre et à la déportation après la paix un aristocrate dont il existait entre les mains des patriotes une correspondance criminelle avec les émigrés, correspondance qui a été représentée et produite au procès. Le second jugement a été rendu contre un ci-devant marquis de la Pacheville qui écrivait une lettre existant au procès par laquelle il déclarait que si les patriotes se présentaient à son château, il ferait écorcher le premier qu'on pourrait saisir, remplirait sa peau de paille et le suspendrait à la girouette du château. Le jury a prononcé que le fait n'était pas constant.

Un troisième jugement concerne une ex-religieuse, ci-devant abbesse d'Aurillac, contre-révolutionnaire s'il en fut jamais, saisie avec une correspondance criminelle avec les émigrés. Le jury a déclaré que le fait n'était pas constant.

Bo, représentant du peuple, cassa les jugements et fit mettre les jurés en état d'arrestation comme contre-révolutionnaires. (On applaudit.)

Le jury a condamné Boutier, patriote zélé qui avait dénoncé ces jugements, à dix années de fers pour une erreur de 150 livres, dans un procès-verbal de vente des biens nationaux.

Je demande que les trois contre-révolutionnaires qui ont mérité de porter leur tête à la place de la Révolution soient traduits au tribunal révolutionnaire de Paris, que les quatre jugements soient suspendus, que les pièces de la procédure instruite contre Boutier soient apportées au comité de sûreté générale, que ce comité réuni à celui de législation s'occupe de *sansculotiser les jurys* qui jusqu'à présent composés de *citoyens actifs* ont innocenté les conspirateurs, enfin que le décret soit porté dans le département du Cantal par un courrier extraordinaire.

Ces propositions sont décrétées. (On applaudit.)

7 THERMIDOR AN II.

—

Loiserolles père. Loiserolles fils. Tribunal révolutionnaire.

Cette affaire plus que toute autre donne la mesure de la précipitation et de la cynique indifférence du tribunal révolutionnaire.

M. de Loiserolles, lieutenant général du bailliage de l'artillerie à l'arsenal de Paris, avait soixante ans lorsqu'il fut arrêté avec son fils qui en avait vingt-deux.

Le 7 thermidor an II, l'huissier du tribunal révolutionnaire appella pour le conduire à la Conciergerie le jeune Loiserolles. Il dormait. Son généreux père se présenta à sa place. Au tribunal révolutionnaire on ne s'aperçut pas de l'erreur; on ne sut pas même qu'il y avait deux Loiserolles, ils étaient aussi coupables l'un que l'autre *d'avoir montré depuis la Révolution la haine*

et l'aversion la plus prononcée contre la souveraineté du peuple et l'égalité. Une victime se présentait; c'était tout ce qu'il fallait aux bourreaux. Loiserolles père fut condamné avec ses prénoms qu'on substitua à ceux de son fils. Il fut guillotiné *le* 8 *thermidor.* Son fils fut sauvé par la mort de Robespierre (9 thermidor). Fouquier-Tinville convint de cette effroyable erreur lorsqu'on instruisit son propre procès. Le sieur de Pranville, curé de Champigny, avait été témoin de la résolution de Loiserolles père. Il rapporta au fils les dernières paroles du père : « Ces gens-là sont si bêtes ;
» ils vont si vite en besogne qu'ils n'ont pas
» le temps de regarder derrière eux! il ne
» leur faut que des têtes ; peu leur importe
» lesquelles, pourvu qu'ils aient leur
» nombre ; au surplus, je ne fais pas de
» tort à mon fils ; tout le bien est à sa mère.
» Si au milieu de ces orages il arrive un
» jour serein, mon fils est jeune, il en pro-

» fitera, je persiste dans ma résolution »

Le tribunal révolutionnaire n'avait pas deviné tant de grandeur d'âme.

Mais plus tard à ce tribunal avait succédé un tribunal plus acceptable.

Le langage avait changé. En portant le décret d'accusation contre Robespierre, Tallien avait dit : A quel accusé accorda-t-il jamais le droit de prononcer un mot de défense? Disons-lui à notre tour que *notre conscience est éclairée depuis longtemps*. Si vous le mettez hors la loi pourra-t-il s'en plaindre, lui qui par l'exécrable décret du 22 prairial à mis hors de la loi, les neuf dixièmes des Français? Point de formalités avec les tyrans et leurs suppôts, on ne peut trop abréger les supplices. C'est lui qui vous l'a dit cent fois.

On pouvait dire à Robespierre ce qu'on avait dit à Poyet : *Patere legem quam fecisti*.

Mais les tribunaux n'avaient plus le droit de révision.

La Convention se l'attribua le 13 pluviôse de l'an III. Pothier présenta un rapport et un projet de décret au nom du comité de législation.

Après avoir retracé les faits, le comité, dit-il, n'a consulté que les principes.

Nul ne pourra être traduit au tribunal sans un acte d'accusation. Il n'y a point de jugement lorsqu'il n'y a pas d'acte d'accusation.

La confiscation ne peut être que la suite d'une condamnation légale.

En conséquence, considérant qu'il n'y a aucun acte d'accusation porté contre Loiserolles père, qu'il ne pouvait par conséquent être mis en jugement, qu'il n'a été compris sur la liste des condamnés que par une substitution de noms infiniment coupable et qui fait disparaître à son égard toute apparence de forme légale ;

Le jugement du tribunal révolutionnaire est réputé non avenu contre Jean-Simon

Loiserolles. Il n'y a lieu à la confiscation des biens dépendant de sa succession. Les scellés et séquestres qui pourraient avoir été mis seront levés sur-le-champ partout où besoin sera.

---

26 PRAIRIAL AN II.

—

Fréteau.

Parmi les conseillers au parlement de Paris qui se distinguèrent par un esprit d'opposition à la royauté, il faut placer Fréteau au premier rang. Beau-frère de Dupaty, il facilita, dit-on, son célèbre mémoire en livrant à son examen des procédures qui devaient échapper à tous les regards. Fréteau embrassa ouvertement le parti de la révolution, mais il n'alla pas jusqu'au jacobinisme. Désigné suffisamment aux poursuites par son titre de parlementaire, il fut traduit une première fois devant le tribunal révolutionnaire qui dans ce temps prononçait encore quelques acquittements; il fut acquitté. Mais Fouquier-Tinville ne lâchait pas ainsi sa proie. Non-seulement il ne mit pas Fréteau en liberté, mais il l'appela une seconde fois devant le tribunal de sang qui, le 26 prairial an II, le condamna à mort avec vingt-neuf autres parlementaires de Paris et de Toulouse.

1er VENTÔSE AN III.

Auguste de Sainte-Marie. Convention nationale.

Auguste de Sainte-Marie, en détention à Bicêtre, présenta à la Convention après le 9 thermidor une pétition dans laquelle il exposait qu'il avait été envoyé en détention pour vingt ans, sans qu'il existât autre chose contre lui qu'un projet de jugement préparé à l'avance, et dans lequel la partie du dispositif avait été laissée en blanc.

La Convention, le 1er ventôse an III, rendit le décret suivant :

Considérant qu'il paraît qu'il y a eu un projet de jugement préparé à l'avance et dans lequel on a laissé en blanc la place pour y insérer des dispositions quelconques, que le projet est signé par Coffinhal, président, Garnier Launay et Maire, juges;

Que c'est un crime d'avoir clos et signé d'avance un jugement dont on avait laissé en blanc la place du dispositif, que ce crime est d'autant plus grave *que 48 individus ont été mis à mort* et un autre (Sainte-Marie) exposé six heures aux yeux du public comme ayant été condamné à vingt années de détention, sans que la loi paraisse avoir été légalement appliquée;

Arrête que François-Auguste de Sainte-Marie, *âgé de quatorze ans*, sera sur-le-champ mis en liberté et que les scellés et séquestre seront levés sur ses papiers et ses biens;

Que les juges qui ont signé le projet du jugement du 21 messidor, et qui n'auraient pas été traduits au tribunal révolutionnaire et condamnés, seront dénoncés au comité de sûreté générale.

Séance du 14 fructidor an III.

Il s'agissait d'une rixe entre les domestiques d'un prêtre insermenté et *des citoyennes* sortant de la messe d'un prêtre constitutionnel. Les filles Jusseau avaient été flagellées par leurs adversaires le 8 septembre 1792. Trois ans après elles portent plainte ; le tribunal de police correctionnelle de Senecey et ensuite le tribunal civil de Châlon-sur-Saône condamnent les flagellantes à l'amende.

DÉCRET.

L'exécution des jugements rendus par les tribunaux de Senecey et de Châlon en faveur des filles Jusseau contre Griveau, Blanc, Penet, femme Labourier, Anne Marceau, Jeanne Bouccaud, Benigne Pordet, demeure suspendue.

Séance du 17 fructidor an III.

Giraud-Pouzolles, au nom du comité de législation, fait, par suite d'une pétition présentée par la famille du citoyen Perrin, un rapport sur le jugement rendu contre ce représentant du peuple par le tribunal révolutionnaire, il avait été condamné à 20 ans de fers et à l'exposition préalable comme dilapidateur de la fortune d'autrui ; il est mort en arrivant à Toulouse ; il résulte du rapport de Giraud-Pouzolles que le jugement a été aussi inique que l'accusation mal fondée ; la prévention et la haine ont dicté l'un comme l'autre ; dans une affaire où il était question des deniers de la république on a demandé au prévenu quelle était son opinion dans l'affaire de Marat et sa conduite lors du 31 mai.

Toutes les formes ont été négligées, violées, et cela à l'égard d'un homme recommandable par ses vertus et son patriotisme, chéri de ses concitoyens qui n'ont cessé de lui donner des marques de leur estime.

DÉCRET

I

Le décret du 29 septembre 1793 (1795 par erreur dans le *Journal des Débats*) portant qu'il y avait lieu à accusation contre Pierre-Nicolas Perrin, député du département de l'Aube à la Convention, et l'accusation qui l'a suivi sont rapportés.

II

Le jugement qui condamne ledit Perrin aux fers, rendu par le tribunal révolutiontionnaire le 28 vendémiaire an II, est déclaré nul et *comme non avenu.*

Mais en attendant il était mort à Toulon.

III

Les indemnités que ledit Perrin aurait dû toucher en sa qualité de député seront payées à sa veuve tutrice de leur enfant à compter du jour qu'elles ont cessé de l'être jusqu'au jour actuel de la session.

A la suite de ce rapport assez violents débats. Murmures contre Charlier qui avait fait rendre le décret d'accusation. Le mépris public, dit Dulaure, poursuivra les calomniateurs de Perrin, Pierret donne les détails les plus affligeants sur la séance où la Montagne a étouffé la voix de Perrin qui voulait se défendre et sur les outrages que Perrin exposé au carcan a reçus de l'armée révolutionnaire.

Loi du 28 thermidor an III.

Le 28 thermidor an III, sur la foi de son comité de législation et sans discussion, la Convention portait la loi suivante, qui manque de clarté et de correction dans le langage.

I

Tous jugements rendus révolutionnairement depuis le 10 mars 1793 jusqu'au 8 nivôse de l'an III de la république contre des personnes actuellement vivantes, portant peine afflictive ou infamante, détention ou emprisonnement, sont déclarés non avenus, sauf les révisions et modifications suivantes.

II

Sont réputés jugements révolutionnaires dans l'intervalle énoncé en l'article précédent ceux qui ont été rendus : 1° par le tribunal révolutionnaire établi à Paris ; 2° par les tribunaux ou commissions populaires et autres établies juges à l'instar du tribunal révolutionnaire; 3° par les tribunaux criminels de département lorsqu'ils ont instruit et jugé autrement que sur une déclaration du jury ordinaire conformément à la loi des 16-29 septembre 1791, ou sur celle d'un jury spécial tiré au sort, dans le cas où la même loi et autres de l'Assemblée constituante l'ordonnaient; 4° par des tribunaux ou commissions militaires jugeant les individus non militaires et pour des faits a eux extraordinairement attribués.

III

Ces jugements et les pièces du procès tiendront lieu de dénonciation et de mandat d'arrêt devant le directeur du jury du district dans le ressort duquel on présume que le délit a été commis ou devant celui du dernier domicile de l'individu, lorsque le lieu du délit ne sera pas déterminé ou lorsqu'il sera dénoncé comme commis dans plusieurs districts.

IV

En se conformant à la loi des 16-29 septembre 1791, le directeur du jury dressera un acte d'accusation, s'il y a lieu, dans la décade au plus tard après la remise du prévenu et des pièces.

V

Si le jury déclare qu'il y a lieu à accusation, l'accusé sera mis en jugement à la forme de la même loi et autres, additionnelles ou explicatives.

VI

S'il est déclaré convaincu, il sera condamné à la peine portée par la loi applicable au fait.

VII

Néammoins si cette peine se trouve plus grave que celle à laquelle il a été condamné par le premier jugement, le tribunal criminel ne prononcera que la confirmation de cette peine et dans tous les cas imputera le temps de la détention.

Cette loi, disait la Convention, était faite pour suppléer à l'insuffisance et aux lacunes des lois du 29 nivôse et du 11 pluviôse an 3. De ces deux lois l'une reconstituait le tribunal révolutionnaire dont les jugements ne pouvaient être déférés au tribunal de cassation, l'autre ouvrait une réclamation sur les biens confisquées.

1796

—

Procès Lesurques.

L'accusation contre Lesurques, célèbre entre toutes, fut jugée dans un temps malheureux de guerre civile, de brigandage, de corruption. Alors le crime était facilement présumé ; on croyait difficilement à l'innocence.

Lesurques, natif de Douai, était dans l'origine caporal au régiment d'Auvergne. Le comte de Blamont, qui servait avec lui dans ce régiment, donna depuis le procès et la condamnation le certificat suivant :

« Je soussigné maréchal, de camp en dis-
» ponibilité, certifie avoir connu particu-
» lièrement feu Lesurques, ancien capo-
» ral au régiment, d'Auvergne, où je ser-
» vais aussi, qu'il y a toujours eu une con-

» duite sans reproche, qu'il était estimé
» de ses chefs et aimé de ses camarades, et
» qu'il était cité comme un modèle pour
» les mœurs et la tranquillité ; j'atteste en
» outre l'avoir connu à Paris très-peu de
» temps avant son arrestation, où il était
» très-bien établi et qu'il jouissait dans
» son quartier de la plus grande considé-
» ration. Les faits particuliers que j'avance
» sont de notoriété publique et j'offre les
» preuves au besoin. »

J'insiste sur ce point parce qu'il est difficile qu'un soldat brave et discipliné puisse devenir un scélérat affilié à une bande de scélérats.

Lesurques ne pouvait pas avoir pris cette voie. Quoiqu'on n'ait pas bien expliqué comment il avait dix mille livres de rente, on n'a jamais dit non plus que ce fût par des moyens malhonnêtes ; et tout ce qu'on a pu articuler contre sa conduite, c'est une certaine légèreté et des liaisons avec des actrices.

D'abord marié à Douai, père de trois enfants, il vint se loger à Paris pour leur éducation.

Il y recherchait surtout ses compatriotes ; il y rencontra un nommé Guesno, ce fut la cause de sa perte.

Le 21 avril 1796, le courrier de la malle de Lyon et le postillon qui conduisait la voiture furent assassinés dans la forêt de Sénart, entre Lieusaint et Melun ; la voiture fut pillée. Il était neuf heures du soir.

Quels étaient les auteurs de cet assassinat ? Dans la soirée on avait vu passer quatre hommes à Villeneuve-Saint-Georges, à Montgeron, à Lieusaint ; ils s'étaient même arrêtés à Montgeron et à Lieusaint pour prendre du café et des liqueurs. Ils étaient à cheval. Sur la même route dans la nuit et le matin suivant on avait vu passer cinq hommes à cheval dont un emporté par un cheval de poste. Le loueur de chevaux fut trouvé. Sa déclaration mit sur les traces de Courriol, l'un des assassins. Courriol avait quitté Paris et s'était arrêté à Château-Thierry, chez un sieur Golier. Là se trouvait Guesno qui logeait à Paris dans la même maison que Courriol. Ces circonstances rendirent Golier et Guesno suspects. Guesno fut mandé devant M. Daubenton, juge de paix; au moment où il s'y rendait, il rencontra Lesurques qui l'accompagna spontanément et sans doute à cause de l'intérêt qu'il portait à Guesno, avec qui du reste ses relations étaient très-récentes. A peine étaient-ils entrés que dans la même pièce deux servantes, l'une de Montgeron, l'autre de Lieusaint, déclarent reconnaître Guesno et Lesurques comme deux des hommes qui dans la soirée du 24 avril s'étaient arrêtés chez les aubergistes dont elles étaient domestiques. Lesurques et Guesno sont arrêtés. Les signalements donnés au juge de paix semblent aussi les dénoncer. Lesurques fut mis en accusation, cinq témoins le reconnurent. Cependant il était plein de l'espoir de démontrer par ses habitudes et par l'emploi de son temps, le jour de l'assassinat, qu'il ne pouvait pas être coupable. Ce jour-là, disait-il, j'ai passé la matinée chez le sieur Legrand, bijoutier au Palais-Royal, j'ai dîné chez le sieur Lesurques, mon parent; je me suis promené sur les boulevards avec le sieur Ledan, nous avons rencontré le sieur Guesno et nous sommes entrés tous les trois dans un café, au coin de la Comédie-Italienne, où nous avons pris un verre de liqueur. Enfin le lendemain j'ai déjeuné chez le sieur Legrand, j'ai dîné chez le sieur Chauffer.

La déposition de Guesno venait tout à fait à l'appui de Lesurques.

D'ailleurs il faisait valoir comme grossière invraisemblance le fait qu'il fût allé se présenter aux regards du juge de paix, apparemment pour se faire arrêter.

Enfin il comptait sur la multitude des témoins à décharge qui devaient affirmer sa probité et la vérité des faits avancés par lui.

Son espoir fut trompé. Un incident fatal absorba l'attention des jurés.

Le sieur Legrand premier témoin à décharge entendu, dit que la date du 24 avril lui était restée d'autant mieux dans la tête que ce jour-là il avait fait un échange important avec un sieur Aldenof et que cet échange était inscrit sur son livre à cette date. Il fut invité par tout le monde à produire ce livre. Mais à l'examen une surcharge grossière selon les uns (le 24 avril répondait au 8 floréal) habile selon les autres, apparut. Le 8 porté sur le livre avait été écrit à la place du 9. Legrand fut pressé, menacé de poursuites par le président ; le procès-verbal d'audience porte que Legrand a rétracté sa déposition comme étant basée sur une fausse date. Mais indépendamment de l'inscription de faux contre le procès-verbal que Lesurques porta devant la cour de cassation, il faut observer que la tête de Legrand s'égara et que le malheureux resta fou.

Quoi qu'il en soit les juges et les jurés crurent qu'on avait voulu surprendre leur religion. De ce moment la cause de Lesurques fut désespérée.

Quoiqu'il ne fallût alors que trois jurés sur douze pour absoudre, la déclaration du jury fut que Courriol, Lesurques et Bernard étaient coupables d'assassinat et de vol à main armée. Guesno fut acquitté.

Alors Lesurques prononça ces paroles : « Sans doute le crime dont on m'accuse est » horrible et mérite la mort, mais s'il est » affreux d'assassiner sur une grande route, » il ne l'est pas moins d'abuser de la loi » pour punir un innocent. Un moment

» viendra où mon innocence sera recon-
» nue, et c'est alors que mon sang rejail-
» lira sur la tête des jurés qui m'ont trop
» légèrement condamné et du juge qui les
» a influencés. »

Le message suivant adressé par le directoire exécutif au corps législatif fait connaître ce qui se passa ensuite.

CITOYENS REPRÉSENTANTS,

Le nommé Lesurques condamné à mort avec un nommé Courriol pour l'assassinat du courrier de Lyon a été déclaré innocent par ce dernier, après le jugement rendu contre eux. Courriol a assuré que la ressemblance de Lesurques avec un des complices de l'assassinat qu'il nomme et qui n'est pas pris a pu tromper les témoins. Les déclarations de Courriol sont confirmées par celles de quelques autres personnes entendues après lesdites déclarations et par conséquent postérieurement au jugement.

Lesurques, qui s'était pourvu en cassation se réservait de faire valoir les moyens que ces déclarations lui présentaient, lorsqu'il aurait été renvoyé devant le nouveau tribunal qu'il demandait; mais le tribunal de cassation a trouvé que toutes les formes prescrites par la loi avaient été observées; il n'a pu conséquemment casser la procédure.

Quelle marche convient-il de suivre dans cette circonstance? Lesurques, s'il est innocent, doit-il périr sur l'échafaud parce qu'il ressemble à un coupable? Le directoire appelle votre attention sur cet objet, citoyens représentants, et il vous observe qu'il n'y a pas un moment à perdre, puisque demain matin le jugement à mort doit être exécuté.

Le corps législatif ordonna d'urgence un sursis, et pour lui faire un rapport composa une commission de Treilhard, Crassous et Siméon.

Siméon fut chargé du rapport.

Quelques jours se passèrent sans qu'il le fît.

De la part des amis de Lesurques rien ne fut épargné pour obtenir la prolongation du sursis.

Courriol multiplia les déclarations ; il nomma ses véritables complices, indiqua le rôle que chacun avait joué dans le crime commis. Madeleine Bréban, sa concubine. confirmait ces déclarations.

Le directoire adressa un nouveau message.

Siméon fit son rapport.

Dans l'opinion de la commission, c'était attenter à l'omnipotence du jury que de s'occuper d'une révision.

Il fit sentir au directoire et même au corps législatif qu'ils n'auraient pas dû ordonner même un sursis.

Il supposa que Lesurques avait acheté la déclaration de Courriol, et fit remarquer qu'aux débats il n'avait pas pressé Courriol de questions.

Lesurques, dit-il, n'avait pour lui que la déclaration d'un condamné (1). On ne peut croire Courriol qui dit qu'il avait cru se sauver à la faveur de l'innocence de ses co-accusés.

Siméon qualifiait d'essais honteux pour prouver un alibi la déclaration de Legrand et celle de la fille Dargence qui attestait que Lesurques avait passé la journée avec elle.

Il n'y aurait pas eu même dans ce qui nous est présenté, disait-il, de quoi motiver dans l'ancien régime des lettres de révision (2).

(1) Sous l'ancienne jurisprudence la déclaration d'un condamné lorsqu'elle en absolvait un autre, était au contraire présumée avoir une grande valeur, et selon quelques jurisconsultes appuyés sur un arrêt du parlement de Provence de 1661, entraînait même nécessairement la révision du procès. On peut voir dans ce recueil combien d'arrêts de révision ont été fondés sur de pareilles déclarations.

(2) *Voir la note précédente.*

Siméon conclut à l'ordre du jour, qui fut unanimement adopté.

Lesurques monta sur l'échafaud.

Mais il se trouva des hommes de bien qui prirent soin de sa mémoire.

Parmi eux il faut citer en première ligne monsieur Daubenton, juge de paix à Paris, le premier qui sur le témoignage formel des deux servantes avait ordonné l'arrestation de Lesurques.

Laissons-le parler dans un mémoire qu'il présenta au grand juge en 1806.

Il y explique d'abord la reconnaissance de Guesno et de Lesurques par les deux servantes, leur persistance malgré les observations de M. Daubenton. Quant à lui sans attaquer la décision du corps législatif, il déclare que depuis les déclarations de Courriol, il est resté convaincu de l'innocence de Lesurques, et il a fait tout ce qui était en lui pour éclairer cette affaire. Il a d'abord retrouvé le compagnon du courrier de la malle, celui qui sous le nom de Laborde s'était assis près de la victime pour mieux la livrer et qui néanmoins dans ce combat de nuit avait reçu une blessure. Ce criminel, nommé Durochat, avait désigné à M. Daubenton ses complices, Courriol, Vidal, Roussy et Dubosq, celui-ci porteur de la fatale ressemblance avec Lesurques. J'ai entendu dire, ajouta Durochat, qu'il y avait un particulier nommé Lesurques qui avait été condamné. Je dois à la vérité de dire que je n'ai jamais connu ce particulier, ni lors du projet, ni lors de son exécution ; je ne le connais pas et ne l'ai jamais vu. . .

Durochat renouvela cette déclaration devant le juge de paix de Versailles et devant le juge du tribunal criminel de Versailles, faisant fonction de président.

Grâce à M. Daubenton, Vidal (c'était le sosie de Guesno) fut retrouvé dans les prisons de Paris.

Enfin M. Daubenton retrouva Dubosq, scélérat consommé qui en 1794 avait été condamné aux galères perpétuelles et s'était déjà deux fois échappé de prison.

Dubosq nia sa participation au crime et Durochat déclara qu'il ne le reconnaissait pas. Mais plusieurs témoins le reconnurent, et il fut constaté que Durochat avait été corrompu par Dubosq à prix d'argent.

Le directeur du jury de Melun en faisant son résumé prononça ces paroles :

« La justice n'a point à se plaindre de » sa sévérité envers eux (il parle de Courriol, Durochat et Bernard), il n'en est » pas de même des sieurs Guesno et Lesur» ques. Le premier n'a été poursuivi que » par l'effet d'une ressemblance extraor» dinaire avec Vidal ; mais il n'a pas suc» combé. Pourquoi faut-il qu'une circon» stance semblable ait coûté la vie et l'hon» neur *au malheureux Lesurques*? »

C'était le directeur du jury d'accusation

qui parlait ainsi. Le directeur du jury de jugement tint à peu près le même langage :

« A leur égard la justice a acquis la cer-
» titude de n'avoir puni que des coupables.
» Mais elle est loin d'avoir la même con-
» fiance dans le jugement qui a puni de
» mort un individu nommé Lesurques ; à
» son égard la contradiction qui se trouve
» entre les témoins qui l'ont affirmative-
» ment reconnu et les coupables qui jus-
» qu'à la fin ont persisté à le méconnaître
» et à le soutenir innocent laisse encore à
» douter si Lesurques a été puni justement
» ou s'il n'a été qu'une malheureuse vic-
» time de plusieurs circonstances funes-
» tes propres à le rendre suspect et surtout
» d'une fatale ressemblance avec Dubosq,
» capable d'avoir induit dans une erreur
» excusable la plupart des témoins enten-
» dus contre lui. La justice s'occupera sans
» doute d'éclaircir dans des tribunaux com-
» pétents un doute funeste à la société. »

Le ministre de la justice fit extraire Richard du bagne de Rochefort. On se souvient que ce Richard avait été d'un repas avec Lesurques et Guesno. Le ministre (Lambrechts) rappelait au directeur du bagne la loi de 1793 ainsi conçue :

ART. 1.

Si un accusé a été condamné pour un délit et qu'un autre accusé ait été condamné comme auteur du même délit, en sorte que ces deux condamnations ne puissent se concilier et fassent la preuve de l'innocence de l'une ou l'autre des parties, l'exécution des jugements sera suspendue quand même on aurait attaqué l'une ou l'autre sans succès au tribunal de cassation.

ART. 2.

Lorsque lesdits jugements auront été rendus en des tribunaux différents, l'accusateur public ou les parties intéressées en instruiront le ministre de la justice ; celui-ci dénoncera le fait au tribunal de cassation qui cassera, si les deux condamnations ne peuvent se concilier, les jugements dénoncés, et en conséquence renverra les accusés au tribunal le plus voisin du lieu du délit, mais qui ne pourra être choisi parmi ceux qui auront rendu lesdits jugements.

Dubosq, plein d'audace et les poches toujours fournies d'argent, s'évada une permière fois avec Vidal qu'on ne reprit pas. Dubosq se cassa la jambe, et par là même évitant les soupçons, s'évada une seconde fois; il fut définitivement repris et condamné à mort. Parmi ceux qu'avait désignés Durochat, il restait un coupable à trouver, c'était le nommé Roussy ; il était en Italie où il faisait un commerce d'huiles. La France demanda son extradition et l'obtint; il nia et fut reconnu à une tache de vin qu'il avait à la main ; condamné à mort, voici les réponses qu'il fit au substitut du procureur général.

D. Avez-vous connu Lesurques ?

Réponse. Non.

A lui observé que sa déclaration intéresse la famille Lesurques si ce dernier avait été condamné quoique innocent, ou la société et la justice s'il avait été condamné comme coupable.

A persisté dans sa déclaration qu'il ne connaît pas et n'a jamais connu Lesurques.

Ce n'est pas tout : il remit à son confesseur en l'autorisant à le déclarer à la justice un testament dont il exigea que l'ouverture fût différée de six mois ; voici ce testament de sa main et de son orthographe : « Je déclare que le nommé Lesurques et innocen, mes sete declaracion que je done a mon confesseur, il ne pourra la declarer a la justice que sixe mois après ma mort. »

Nous sommes arrivés en 1804.

En 1806, comme je l'ai dit, M. Daubenton présenta un mémoire pour obtenir la réhabilitation de Lesurques.

Napoléon demanda un rapport.

Ce rapport fut confié à M. Girodet, procureur impérial à Versailles.

Un autre rapport fut demandé à M. de Collenel, chef du bureau des grâces au ministère de la justice.

Ces rapports ne furent pas favorables à la requête.

Celui de M. Girodet fut conforme au rapport de M. Siméon. Il prétendit que les coupables étaient au nombre de sept et que c'était justement qu'on avait condamné sept hommes, parce que deux témoins avaient déclaré qu'après le passage des quatre premiers cavaliers, deux autres cavaliers avaient passé aussi et que ces derniers paraissaient avoir quelques relations avec les premiers.

Sous l'empire la requête de la famille Lesurques échoua donc.

Elle fut renouvelée sous la restauration.

M. le garde des sceaux chargea M. le baron Zangiacomi, conseiller d'État et conseiller à la cour de cassation, de faire un nouveau rapport.

L'affaire avait déjà été déférée à la chambre des Pairs, et le rapporteur, M. le marquis de Valence, s'était expliqué ainsi : Voilà donc une nouvelle instruction à faire, voilà de nouveaux débats qui doivent s'établir; mais entre qui? Les deux condamnés n'existent plus et une nouvelle procédure étant désormais impossible, il faut forcément renoncer à une révision ainsi dépouillée de tous ses moyens. Il faut, disait le rapporteur de la loi au corps législatif, s'arrêter devant les barrières posées par la nature elle-même, et quand l'erreur possible ou présumée n'est d'ailleurs plus réellement réparable, il ne faut pas ouvrir d'indiscrètes issues aux réclamations. Si cette objection était insoluble, ajoute M. de Valence, elle serait désolante, mais quoi ! parce que la vérité s'est manifestée trop tard, elle perdrait ses droits ! ceux de l'innocence ne sont-ils pas imprescriptibles ? Si le malheureux Lesurques n'avait pas subi un jugement dont *l'erreur est plus claire que le jour,* il conserverait la vie, il serait rendu à l'honneur, et parce qu'il a péri victime d'une fatalité épouvantable, il faut qu'il demeure enseveli sous le poids de l'opprobre de sa condamnation et de l'exécution de l'arrêt qu'il n'avait pas mérité !

Tel ne fut pas le langage de M. Zangiacomi.

Non-seulement il ne trouva pas l'erreur aussi claire que le jour, mais il chercha à jeter des doutes sur l'innocence de Lesurques et conclut dans le même sens que M. Girodet.

Après ce rapport intervint un avis du

conseil d'État du 30 juillet 1822. « Considérant que dans le système actuel de la
» législation criminelle la conviction du
» jury se forme d'après les débats, que
» cette conviction est toute morale, que
» ses éléments ne sont pas de nature à être
» déterminés d'une manière précise et par
» conséquent que les décisions des jurés
» ne sont pas en général susceptibles de ré-
» vision ; que le code d'instruction cri-
» minelle n'a établi que trois exceptions
» à cette règle fondamentale : la première
» dans le cas de deux condamnations in-
» conciliables, la deuxième dans le cas de
» condamnation rendue sur de faux témoi-
» gnages, mais que la révision autorisée
» dans ces circonstances ne peut avoir lieu
» que lorsque le procès peut être jugé de
» nouveau, en connaissance de cause, et
» par conséquent lorsque les condamnés
» existent et peuvent être remis en juge-
» ment ; que Lesurques et Dubosq ont cessé

» de vivre, qu'il serait impossible de procé-
» der contre eux, qu'ainsi la loi s'oppose
» à la révision demandée; que par une troi-
» sième exception générale la loi pré-
» voyant le cas d'un individu condamné
» pour homicide et justifié ensuite par la
» représentation de la personne tenue pour
» homicidée, permet dans cette circon-
» stance particulière la révision, lors
» même que le condamné n'existe plus et
» ne peut être soumis à de nouveaux dé-
» bats; que cette disposition très-juste en
» soi ne blesse aucun principe, parce
» qu'alors le corps du délit est compléte-
» ment détruit, qu'il n'y a plus lieu à cette
» accusation ni à aucune discussion sur la
» culpabilité, que l'affaire est réduite à une
» simple question d'identité au jugement
» de laquelle on peut procéder facilement
» hors la présence du condamné, qu'ainsi
» cette troisième exception est, dans le cas
» qu'elle spécifie, fondée sur la nature

» même des choses, mais que l'on ne pour-
» rait pas sans de graves inconvénient et
» sans altérer l'institution du jury, l'éten-
» dre à d'autres cas. »

Si la restauration eut la loyauté de rendre à la famille Lesurques la part de ses biens qui excédait le montant des frais du procès, le fond du procès lui-même resta ce qu'il était auparavant. Mais la discussion prenait de jour en jour une tournure plus solennelle. Toute la députation du département du Nord recommanda la demande de Mme veuve Lesurques (qui vivait alors) ; à cette demande adhérèrent 238 députés, à leur tête on trouve le nom de M. Thiers.

Enfin, le 25 janvier 1851, M. de Laboulie, rapporteur d'une nouvelle pétition de la famille Lesurques, discutait et combattait le rapport de M. Zangiacomi, concluait à l'innocence de Lesurques et proclamait la vérité et l'évidence des faits.

M. de Laboulie demandait qu'une commission de quinze représentants fût chargée de reviser le procès, d'en faire le rapport à l'assemblée et de proposer les mesures propres à réparer le mal.

Cette proposition renvoyée aux bureaux se confondit avec une proposition formelle de MM. Favreau et de Riancey qui demandaient que, dans le cas même où les condamnés étaient décédés, la cour de cassation nommât un curateur à la mémoire de celui au nom de qui la révision serait demandée, et qu'après une instruction nouvelle, toutes les chambres réunies de la cour de cassation prononçassent sur l'annulation de l'une ou l'autre condamnation.

M. Canet, rapporteur, concluait à la prise en considération de la proposition, mais il penchait pour le renvoi au jury, faisant observer que la cour de cassation ne paraissait pas destinée à juger les points de fait.

M. de Casa-Bianca proposait une autre procédure : il demandait pour les cas de révision qui suivraient la mort des condamnés, que la cour de cassation fût autorisée à casser sans renvoi les arrêts reconnus erronés, de telle sorte que les condamnés seraient réputés morts dans l'intégrité de leurs droits, et si l'un des condamnés vivait encore, à renvoyer ce seul condamné à un nouveau jury. M. de Casa-Bianca n'admettait cette procédure que dans un bref délai après l'événement de la seconde condamnation.

M. de Parieu au nom de la commission d'examen, demanda le maintien de la législation existante qui offrait moins d'inconvénients que celle qu'on voudrait y substituer.

Les pétitions sont aujourd'hui du domaine du Sénat. Virginie Lesurques, qui est restée seule de cette famille avec ses enfants, paraît vouloir frapper à cette porte, ainsi que nous l'apprend une consultation délibérée par M. Jules Favre.

Il est remarquable que la censure dramatique ait révisé pour ainsi dire le procès, en permettant que sur le théâtre on représentât Lesurques comme innocent.

ARRÊT DU 9 VENDÉMIAIRE, AN IX.

—

Fischer.

Vol d'une balle d'indienne. Trois individus sont condamnés pour vol, parmi lesquels Fischer. Plus tard Shnéblin est condamné comme coupable du même vol. Fischer demande la révision, parce qu'il n'y a que trois coupables et quatre condamnés. La révision a été refusée pour fausse application de la loi du 15 mai 1793. (On a pu voir cette loi citée à l'art. *Lesurques*.)

ARRÊT DU 23 OCTOBRE 1812.

—

Castagnier.

Vol d'une mule. Castagnier est condamné pour ce vol commis par une réunion de plusieurs personnes. Brun alors absent était compris dans l'accusation et avait été déclaré coupable. Plus tard, il comparaît, avoue le vol, mais soutient qu'il l'a commis seul. La cour d'assises le déclare coupable et le condamne à une peine correctionnelle. L'arrêt énonce *qu'il n'est pas prouvé* qu'il ait volé en réunion de plusieurs. La révision est refusée, parce que la cour de cassation ne voit pas dans cette énonciation une inconciliabilité absolue avec la première décision.

1810. — 1814.

Affaire du maire d'Anvers.

En 1810 les droits du jury furent étrangement méconnus.

Le commissaire de police d'Anvers avait dénoncé le maire d'Anvers et trois autres fonctionnaires de la même ville comme coupables de malversation dans la gestion des deniers de l'octroi.

M. Berryer père, zélé défenseur du maire d'Anvers, dit dans ses mémoires que cette dénonciation avait pour origine une émulation jalouse entre la femme du commissaire de police et l'épouse du maire d'Anvers.

Les quatre dénoncés furent traduits devant un jury. Une discussion entre le ministère public et certains témoins fit ajourner le procès à une autre session.

Cette fois, dit M. Berryer, le jury était composé de Français fonctionnaires, mais aucune pièce de conviction n'était produite. Le jury acquitta. Le maire fut reconduit chez lui en triomphe. Napoléon voulut qu'on recommençât le procès. Le ministre écrivit à M. Voyer-d'Argenson, préfet, de renouveler l'accusation. Celui-ci répondit deux fois par un refus.

Le Sénat se soumit à la volonté du souverain. Voici son sénatus-consulte. Le Sénat conservateur décrète :

I

La déclaration donnée le 24 juillet dernier (1813) par le jury en faveur des nommés Wembrouk, Lacoste, Biard et Petit traduits devant la cour d'assises de Bruxelles comme accusés d'être auteurs ou complices des dilapidations commises dans la gestion et l'administration de l'octroi d'Anvers, ainsi que l'ordonnance d'acquittement prononcée par suite de cette déclaration sont annulées conformément au § 4 de l'art. 55, tit. 5, des constitutions du 16 thermidor an X (4 avril 1802).

Ce paragraphe était ainsi conçu : Le Sénat par des actes nommés sénatus-consultes annulle les jugements des tribunaux lorsqu'ils sont attentatoires à la sûreté de l'État.

II

En conséquence, la cour de cassation est chargée de renvoyer ces accusés devant une autre cour impériale qui prononcera sur ladite accusation et sans jury.

III

Seront poursuivis devant la même cour

et dans les mêmes formes, les prévenus du crime de corruption qui a eu lieu dans le procès criminel dont il s'agit.

IV

Le présent sénatus-consulte sera transmis à S. M. l'empereur et roi.

M. Berryer étant prévenu qu'on préparait ce sénatus-consulte et voulant l'empêcher, en parla à un sénateur. Que voulez-vous, lui dit celui-ci, la charrette serait renversée. L'expression n'était pas très-noble. Le grand juge se transporta à la cour de cassation pour faire transcrire le sénatus-consulte sur les registres. Sur l'envoi du sénatus-consulte, M. Voyer-d'Argenson donna sa démission. La cour de cassation renvoya devant la Cour de Douai. Le maire mourut à Douai.

20 DÉCEMBRE 1813.

—

Affaire Ellenbergh.

Un décret du 20 décembre 1813 enseignera suffisamment quelle était cette affaire qui suivit immédiatement celle du maire d'Anvers. « Au premier président, aux présidents et conseillers de la cour de cassation, faisons savoir ce qui suit :

» Notre grand juge, ministre de la justice, » nous a exposé qu'un arrêt de la cour de » justice criminelle du département de la » Dyle, en date du 18 juillet 1807, a condamné à seize années de fers Gérard » Garçon pour crime de vol sur une grande » route, et le nommé Sébastien Ellenbergh » pour complicité dans ledit crime ;

» Gérard Garçon ayant ensuite été accusé » du crime de garrottage dans le départe-

» ment des Deux-Nèthes a été extrait du
» bagne et traduit devant la cour d'assises
» ainsi que Sébastien Ellenbergh prévenu
» de complicité avec lui dans ce nouveau
» crime ; il est résulté de la procédure faite
» contre ces deux individus, que d'une part
» Gérard Garçon a été condamné le 17 juil-
» let 1808 à la peine de mort, et que de l'au-
» tre, non-seulement Sébastien Ellenbergh
» a été reconnu étranger au crime de garrot-
» tage, mais que même on a acquis de fortes
» présomptions qu'il n'avait point eu part
» au crime de vol sur une grande route
» pour lequel il avait été condamné. Les
» lumières acquises à cet égard par les ma-
» gistrats dans le cours de la procédure ont
» été corroborées par la déclaration de Gé-
» rard Garçon à l'exécution duquel il avait
» été sursis pour causes valables. Gérard
» Garçon ayant aussi indiqué un autre in-
» dividu comme complice de son crime,
» cet individu a été amené devant la cour

» de Bruxelles ; mais, malgré la conviction » de sa culpabilité acquise par les juges au » moyen de l'instruction, il a été impossible » de le mettre en accusation, l'action pu- » blique étant prescrite à raison du laps de » temps écoulé, aux termes de l'art. 637 du » code d'instruction criminelle.

» D'après cet exposé, notre grand juge a » conclu dans notre conseil privé tenu le » 12 de ce mois à ce qu'il nous plaise d'ac- » corder des lettres de grâce à Sébastien » Ellenbergh, sur lequel rapport, ayant » entendu ceux qui composent ledit conseil, » nous avons pensé que le moyen propo- » sé ne satisfaisait pas entièrement à l'é- » gard dudit Ellenbergh aux droits de la » justice, attendu les fortes présomptions » acquises sur son innocence ; cependant » l'individu reconnu coupable étant couvert » par la prescription, il est impossible de » prononcer contre lui un arrêt qui se trou- » vant inconciliable avec celui d'Ellen-

» bergh donnerait ouverture à nous faire » dénoncer les deux arrêts par notre pro- » cureur général, ainsi qu'il est prescrit » par l'art. 443 du code d'instruction cri- » minelle, à l'effet d'annuler l'un et l'autre » et de renvoyer les deux condamnés de- » vant une autre cour pour une nouvelle » instruction.

» Les autres moyens indiqués par le » code étant évidemment inapplicables et » l'état actuel de la législation laissant » sans recours l'innocent condamné dans » le cas dont il s'agit, nous avons jugé né- » cessaire *de suppléer à cette insuffisance* » *de la loi* par une disposition rapprochée » de ce qu'elle a déterminé pour des faits » analogues.

» A ces causes, nous voulons et ordon- » nons que l'arrêt rendu le 18 juillet 1806 » par la cour de justice criminelle de la » Dyle contre Sébastien Ellenbergh soit, » ainsi que la procédure qui y a donné lieu

» et celle qui a motivé l'arrêt porté par la » cour d'Anvers le 7 juillet 1808, soumis à » votre examen en sections réunies, sous » la présidence de notre grand juge minis- » tre de la justice, afin qu'entrant dans » l'examen des faits, indépendamment de » la régularité et des vices de forme, et » sans avoir égard à l'arrêt de confirma- » tion précédemment rendu par vous, » l'arrêt de la cour de la Dyle soit cassé et » annulé, s'il y a lieu, *dans l'intérêt d'El- » lenbergh*, et que ledit individu soit absous » et mis en liberté, comme aussi dans le » cas où l'innocence dudit Ellenbergh ne » paraîtrait pas résulter suffisamment de la » procédure, nous vous autorisons à le ren- » voyer devant une cour d'assises pour le » faire juger de nouveau (à cet égard, il » faut remarquer qu'il l'était déjà) sur » les faits qui ont donné lieu à sa condam- » nation. Mandons et ordonnons que les » présentes lettres de *révision gracieuse*,

» scellées du sceau de l'empire, visées par » notre cousin le prince archichancelier, » vous soient présentées par notre procu- » reur général, aux audiences publiques et » transcrites de suite sur vos registres à sa » réquisition. »

Ce décret fut porté à la cour de cassation par le grand juge le 8 janvier 1814 ; mais les événements politiques ne permirent sans doute pas de donner suite à cette affaire.

Du reste, le décret était une bonne action gâtée par l'arbitraire qui voulait suppléer à l'insuffisance de la loi.

Dans la nouvelle loi sur la révision des procès criminels et correctionnels, le cas de prescription est prévu.

---

21 JANVIER 1788.

—

Procès de la fausse marquise de Douhaut.

Mme la marquise de Douhaut née Champignelles, de la maison de Lusignan, avait vécu assez retirée et surtout à la campagne. Cependant elle était parfaitement connue et chérie de sa famille et d'amis d'un haut rang.

Sa famille avait pris son deuil le 21 janvier 1788.

En 1791, une femme inconnue se présente devant le tribunal de Saint-Fargeau. Elle dit qu'elle est la marquise de Douhaut dont on a supposé le décès; elle rapporte une déclaration de 150 témoins qui la reconnaissent pour marquise de Douhaut; elle conclut à ce que le tribunal entende ces témoins, dont la plupart sont d'une classe inférieure, et la réintègre dans la propriété de ses biens usurpés par son frère.

Le frère défendeur demande que celle qui l'actionne soit interrogée sur sa vie passée, sur ses habitudes, et donne des preuves d'une éducation semblable à celle qu'avait reçue Mme de Douhaut.

Cet interrogatoire convainc les juges que la demanderesse en impose. Elle prétend qu'elle avait 80,000 livres de rente ; elle entre dans des détails indécents sur ses noces; elle soutient qu'elle a toujours été malade et sa santé robuste dément cette réponse. Elle affirme qu'elle a été empoisonnée par une prise de tabac et que pendant qu'on simulait son enterrement, elle était enlevée d'Orléans et conduite le même soir à Fontainebleau où elle avait donné à souper à Mme de Polastron à l'hôtel de Luynes avec plusieurs gardes du corps; qu'ensuite elle fut enlevée de nouveau et conduite à la Salpêtrière où elle fut enfermée en vertu d'une lettre de cachet comme punie pour insolence ; que cette insolence consistait en *mauvaises raisons* sur le procès du cardinal de Rohan et qu'elle en est sortie lorsqu'on a brûlé les barrières de Paris.

Le tribunal de Saint-Fargeau considérant que les mensonges de cet interrogatoire sont d'une évidence frappante, que la demanderesse est Anne Buiret, femme Baudin, enfermée à la Salpêtrière depuis le 3 janvier 1786 jusqu'au 16 octobre 1789 et qu'à cette même époque la dame de Douhaut vivait à Chaselet au milieu de sa famille et passait des actes authentiques, déclare la demanderesse non recevable, la condamne à 5,000 livres d'amende envers les pauvres.

Ce jugement est du 26 mai 1792. L'appel fut porté devant le tribunal de Nevers (alors les tribunaux jugeaient respectivement les appels).

Les parties se reprochèrent l'un à l'autre les lenteurs de la procédure sur appel.

Enfin le tribunal de Nevers rendit un jugement de sursis jusqu'à ce qu'il eût été prononcé par les juges qui devaient en connaître sur le crime de faux commis dans l'acte mortuaire du 21 janvier 1788 et sur les auteurs et complices dudit crime.

Voilà donc l'affaire criminalisée et voilà les quatre honorables signataires de l'acte de décès, MM. de Champignelles, de Guercheville, de la Roncière et Dulude soupçonnés du crime de faux.

Ils sont renvoyés devant le juge de paix d'Orléans.

Cinq ans d'intervalle. Pendant ce temps la fausse marquise est l'objet d'une plainte en escroquerie. Elle est acquittée.

Ordonnance du juge de paix qui se dessaisit du procès.

On se pourvoit en règlement de juges.

5 prairial an XI, jugement du tribunal de

cassation qui renvoie les parties devant la cour criminelle de Bourges.

288 témoins sont entendus, entre autres le médecin qui a soigné Mme de Douhaut jusqu'à la mort, entre autres les domestiques qui l'ont ensevelie.

Le procureur général requiert un nouvel interrogatoire de la plaignante.

De son ancien roman elle retranche l'épisode de Fontainebleau; à sa prise de tabac qui l'avait empoisonnée, elle ajoute un bouillon. On lui demande si elle avait beaucoup d'oncles et de tantes paternels et maternels, Mme de Douhaut n'avait qu'un oncle maternel, il s'appelait M. de Laubrière. La plaignante interrogée ne se rappelle pas s'il est son oncle ou son parent éloigné. Enfin elle répond au procureur général avec indécence et grossièreté, et quant à son orthographe en voici un échantillon : « *au cuj'ai de l'argent dont* » *vous avez bien voulu vous charger.* »

Le 25 vendémiaire an XIII la cour de Bourges, après avoir entendu le procureur général, rend un arrêt flétrissant pour la plaignante et acquitte honorablement les accusés.

Mais autrefois elle avait appelé devant a cour de Paris du jugement du tribunal de Saint-Fargeau.

M. de Champignelles poursuit cet appel. La cour de Paris consacre trois audiences à cette affaire, et le 23 prairial au XIII elle prononce que l'appelante n'a aucun droit au nom de Douhaut, combat pied à pied toute la fable qu'elle a débitée (souvent elle se faisait entendre en personne à l'audience) et délaisse le ministère public à la poursuivre devant la cour criminelle de l'Yonne.

La fausse marquise se pourvoit en cassation. L'opinion de M. Merlin, procureur général, est que tout était jugé par la cour de Bourges et que la cour de Paris n'avait pas à juger de nouveau.

Examinant ensuite les moyens produits et l'effet que pouvait produire un certificat du 29 avril 1806 qui attestait qu'Anne Buirette et Marie Catherine Botel étaient les seules personnes qui fussent entrées à la Salpêtrière le 3 janvier 1786, il prononce ces paroles qui tendent au rejet du moyen proposé, mais qui ouvrent une ressource à la demanderesse en cassation :

« Il est vrai que la demanderesse prouve
» bien qu'elle n'est pas Anne Buirette ; il
» est encore vrai qu'en rapprochant cette
» preuve du fait qu'Anne Buirette et Marie-
» Catherine Botel sont les seules person-
» nes qui soient entrées à la Salpêtrière
» le 3 janvier 1786, on demeure convaincu
» qu'il y a eu erreur dans la 38e réponse
» à l'interrogatoire de Saint-Fargeau Mais
» si la première de ces preuves, celle que
» la demanderesse n'est pas Anne Buirette

» a été mise sous les juges de la cour de
» Paris, il n'en est pas de même de la se-
» conde, il n'en est pas de même de celle
» du fait qu'il n'est entré à la Salpêtrière
» le 3 janvier 1786 que les nommées Anne
» Buirette et Marie-Catherine Botel, et
» non-seulement ce fait n'a pas été prouvé
» devant la cour de Paris, il n'a pas même
» été articulé devant elle. L'extrait des
» registres de la Salpêtrière n'a été déli-
» vré que le 29 avril 1806. »

L'arrêt de la chambre des requêtes du 30 avril 1807 repoussa le moyen en peu de mots et avec une sorte de dédain, « attendu
» que dans le fait l'*aveu* fait par la récla-
» mante qu'elle était entrée à la Salpê-
» trière le 3 janvier 1786 n'a pas été di-
» visé. »

Voilà donc la fausse marquise condamnée partout, mais elle cherche dans l'autorité du souverain un remède à cette position.

En juillet 1808 elle prend une consultation de M. Desèze. Cet honorable avocat reconnaît qu'il n'existe aucune voie ordinaire contre les arrêts des diverses cours, mais il conseille *la demande en révision.*

La révision, disait M. Desèze, porterait sur le fond de l'acte (mortuaire), puisque la forme en elle-même se trouverait exacte.

Pour justifier cette révision, il y aurait encore ici un moyen extrêmement puissant, c'est l'impossibilité où tous les tribunaux se sont vus, en prononçant sur le sort de l'accusée, de lui assigner le nom qu'elle devait nécessairement porter, avant d'avoir pris celui qu'on l'accusait d'avoir usurpé.

A l'égard des matières criminelles, dans l'ancienne législation, la révision des procès était connue et employée.

L'ordonnance de 1670 s'était occupée elle-même d'en régler la forme.

Mais aujourd'hui cette forme est inconnue.

L'autorité souveraine pourrait sans doute ordonner la révision de ces arrêts.

Elle pourrait même, si elle croyait le devoir, rétablir la forme de la révision par une loi expresse et en faire un remède extraordinaire contre les erreurs à l'abri desquelles les magistrats les plus sages ne peuvent pas toujours se mettre.

Cette consultation de M. Desèze était donnée avant la promulgation du code d'instruction criminelle.

Après cette promulgation, une autre consultation signée par neuf jurisconsultes s'énonçait ainsi :

« Il est tellement extraordinaire qu'une
» femme qui se plaint avec une longue per-
» sévérance d'être victime d'un attentat
» commis sur sa personne se plaigne aussi
» d'être victime d'une erreur commise par
» les tribunaux dont elle a imploré la
» justice, que ces circonstances très-
» étranges n'ont pu être prévues par la loi

» sur la révision. Mais cette loi a été
» rendue pour remédier aux erreurs judi-
» ciaires commises en matière d'état, et il
» est sans doute dans l'intention magna-
» nime du souverain que le bienfait de la
» loi sur la révision s'étende sur tous ceux
» de ses sujets qui y ont un droit évident. »

En conséquence, une requête en révision fut présentée à l'empereur Napoléon Ier. Nous n'avons pas cette requête, mais nous avons celle qui fut présentée à Louis XVIII sous la restauration.

A cette époque, la consultation de M. Desèze, devenu premier président de la cour de cassation, fut sans doute rééditée et fut discutée par le journal des *Débats* dans sept articles successifs.

Voici particulièrement comment l'auteur des articles s'expliquait sur la révision :

« Enfin je termine cet article par une
» considération qui me paraît de la plus
» haute importance. Il est si essentiel à

» l'ordre public, selon moi, que les juge-
» ments des cours souveraines soient in-
» violables que pour revenir sur une cause
» définitivement perdue, même dans une
» question d'état, il ne suffit pas d'apporter
» des preuves que l'on regarde comme po-
» sitives et directes, mais il faut que ce
» soient des preuves toutes nouvelles et qui
» n'aient pas encore été discutées devant
» les tribunaux qui ont jugé l'affaire. Si
» vous n'avez à dire que ce que vous avez
» déjà dit, comment pouvez-vous espérer
» d'obtenir la révision des arrêts qui vous
» condamnent? Eh quoi! pendant quatorze
» ans vous avez troublé le repos de quatre
» familles respectables; vous les avez
» traînées de tribunaux en tribunaux et
» après que ceux que vous accusez ont été
» honorablement absous par deux arrêts
» définitifs, vous viendrez encore renou-
» veler un procès, quoique vous n'ayez à
» reproduire contre eux que des moyens

» plusieurs fois discutés, jugés, rejetés;
» mais si ces moyens usés, rebattus sont
» encore rejetés par une cour de révision,
» ne direz-vous pas de son arrêt ce que
» vous dites des arrêts précédents? En ap-
» pellerez-vous à une seconde, puis à une
» troisième, puis à une quatrième cour de
» révision? »

Condamnée partout l'intrigante s'est réfugiée dans le tombeau. Elle a fait inscrire sur le sien : Ci-gît la marquise de Douhaut.

ARRÊT DU 22 MAI 1819

—

Rose Cornu.

Rose-Pauline Cornu est condamnée à la peine de mort, le 22 août 1818, comme coupable du vol commis avec les cinq circonstances aggravantes, du 10 au 11 juillet 1813, chez le sieur Grimm de la commune de Mesnil Saint-Germain, près Dieppe.

Flore-Anastasie Cornu, sœur de Rose, est condamnée *par contumace* à la peine de mort le 13 mars 1819. Dans cet arrêt il est déclaré que parmi les voleurs il n'y avait qu'une seule femme et que cette femme était Flore-Anastasie Cornu.

La révision est prononcée, il semble qu'on aurait pu tirer une objection de sa contumace.

ARRÊT DU 24 JUIN 1830.

Aumage.

Un vol à main armée est commis sur un chemin public. Aumage est accusé et condamné.

Plus tard Jean-Baptiste et Martin Lyssartel sont accusés du même fait. Demande d'Aumage en révision. On regarde comme constant que le vol a été commis par deux personnes. Un arrêt de cassation, du 24 juin 1830, fondé sur ce motif admit la révision.

ARRÊT DU 20 JANVIER 1831.

—

Lecomte.

La veuve Vivien est volée de son argent et de sa montre. Les soupçons se portent sur Lecomte, vieux soldat qui habitait la même maison. Il est condamné à sept ans de travaux forcés. La femme Mallet, principal témoin à charge, est poursuivie pour escroquerie et faux. Alors on la soupçonne de faux témoignage. Elle est poursuivie pour le vol et condamnée à huit ans de travaux forcés. Révision et renvoi devant la cour d'assises du département de la Seine-Inférieure.

6 DÉCEMBRE 1815.

Maréchal Ney.

Le 23 novembre 1831 fut présentée au roi Louis-Philippe, par le prince de la Moskowa, par la maréchale Ney princesse de la Moskowa, par le duc d'Elchingen, par Eugène Ney, par Edgard Ney, une requête qui tendait à ce que l'arrêt rendu par la cour des pairs contre le Maréchal Ney, le 6 novembre 1815, fût, ainsi que l'arrêt préparatoire qui avait précédé et la procédure qui y avait donné lieu, soumis à la révision de la cour des pairs.

Cette requête présentée au roi en son conseil des ministres fut accueillie par le silence.

Le 22 janvier 1832 parut une consultation. Elle était l'œuvre de Me Marie; elle était suivie de nombreuses adhésions. Cette consultation qui sortait du ton calme ordinairement gardé par les jurisconsultes s'appuyait pour demander la révision sur l'article 445 du code d'instruction criminelle qui permet ce mode extraordinaire, lorsqu'après une condamnation contre un accusé, l'un ou plusieurs des témoins qui avaient déposé à charge contre lui étaient condamnés pour avoir porté un faux témoignage dans le procès. En fait il n'y avait eu rien de semblable à la suite de l'affaire du maréchal Ney. Néanmoins la consultation affirmait qu'il y avait eu faux témoignage sur la capitulation de Paris, qu'il était notoire et que cette notoriété suffisait pour annuler l'arrêt; subsidiairement la consultation concluait à la révision gracieuse par le souverain, et elle citait une révision de ce genre ordonnée par Napoléon et enregistrée à la cour de cassation le 8 janvier 1814. Elle repoussait les scrupules constitutionnels qui s'opposeraient à cet exercice de la souveraineté.

Plusieurs autres consultations suivaient celle-ci. Je n'en rendrai pas compte, je relèverai seulement un passage de celle de Philippe Dupin qui me paraît judicieux et qui comporte l'opinion du jurisconsulte sur la criminalité du maréchal : « Resterait pourtant une question de convenance. C'est celle de savoir si la révision, en amenant l'invocation d'une fin de non-recevoir, conduirait à une réhabilitation suffisante. Ici la famille est juge et nous n'avons pas à nous expliquer sur une question que nous ne faisons qu'indiquer. Peut-être serait-il plus grand et plus digne de l'illustre victime que par une déclaration solennelle, soit qu'elle intervienne par forme législative, soit qu'elle émane

» d'un des grands corps de l'État, on dé-
» clarât que la patrie compte le maréchal
» au nombre de ses grands hommes *et ne*
» *se souvient* que de ses glorieux services. »

En effet, en invoquant la capitulation de Paris, les héritiers du maréchal Ney n'auraient fait autre chose qu'invoquer une grâce ; ils n'auraient jamais pu faire juger que le maréchal n'avait pas trahi ses devoirs, et parmi les jurisconsultes aucun n'avait abordé cette question.

Le 16 février 1832 on put lire dans le *Moniteur* : « Le gouvernement, reconnais-
» sant qu'aucune loi n'autorisait l'inter-
» vention qui lui était demandée par ma-
» dame la princesse de la Moskowa et par
» ses enfants afin de faire ordonner la ré-
» vision du procès du maréchal Ney, a dé-
» cidé que les conclusions de cette requête
» ne pouvaient être accueillies, les motifs
» de cette décision sont exprimés dans
» le rapport du garde des sceaux. »

Nous en donnons l'analyse.

Le droit de révision a été entièrement aboli par les décrets des 8 et 9 octobre 1789.

La loi transitoire du 19 août 1792 a investi la cour de cassation du droit de juger les demandes en révision qui étaient encore pendantes.

Alors même qu'un témoignage jugé faux aurait entraîné la condamnation, la révision ne serait pas encore pour cela légalement possible aujourd'hui. L'art. 445 n'est pas applicable lorsque le condamné à cessé d'exister, et quant à la révision du procès d'une personne décédée, elle n'est autorisée par le code d'instruction criminelle que dans un seul cas, celui où la condamnation a eu pour base la mort supposée d'un individu qui se représente.

La requête des héritiers du maréchal Ney invoque un précédent qui s'est passé sous l'Empire, on aurait pu en invoquer deux. La révision fut gracieuse dans l'affaire Ellenberg; elle fut tout autre lorsqu'on annula la décision du jury d'Anvers.

L'abus coupable qui a été fait du prétendu droit souverain de révision dans cette affaire criminelle suffirait pour enseigner quels dangers on court lorsqu'une volonté arbitraire se substitue à l'ordre établi par les lois.

Après avoir discuté l'ordre arbitraire donné à la cour de cassation de casser le jugement en ce qui concernait la condamnation d'Ellenberg, le ministre ajouta : « Il faut ajouter que la famille du maréchal » Ney demande non pas que le procès soit » revisé au fond, mais que la fin de non-» recevoir tirée de la convention militaire » de Paris soit maintenant admise comme » moyen d'annulation. Tel n'est point » l'esprit dans lequel les divers cas de ré-» vision sont prévus par nos lois; tous » ont pour objet non de faire ressortir

» l'illégalité des condamnations, mais d'é-
» tablir par une manifestation éclatante
» l'innocence des condamnés. »

Le gouvernement n'a de pouvoirs que ceux que les lois lui donnent; il ne peut ni enlever ni conférer des droits.

L'intervention que sollicite la requête présentée par Mme la maréchale Ney et par sa famille serait un abus de pouvoir. Le gouvernement doit s'en abstenir.

ARRÊT DU 25 JANVIER 1835.

—

Rossi.

La femme Minicani est assassinée d'un coup de fusil. Elle désigne Rossi pour son assassin. Le 16 décembre 1833 Rossi est condamné à cinq ans de réclusion. Il accuse Giuli d'avoir tiré le coup de fusil qui a frappé la femme Minicani, celle-ci persiste à dire que Rossi est le coupable. Giuli ayant été poursuivi, la cour d'assises de Corse condamne Giuli à deux ans de prison comme coupable de blessures involontaires faites à la femme Minicani. Le coup de fusil ne peut avoir été tiré par les deux. Renvoi devant la cour d'assises des Bouches-du-Rhône.

ARRÊT DU 21 AOUT 1836.

Merlin.

Un vol est commis sur l'impériale de la diligence de Dijon par quatre individus qui y avaient retenu leur place. Merlin est un des condamnés, l'arrêt est du 20 février 1834. Plus tard un autre Merlin est poursuivi pour le même fait et condamné le 1er mars 1836. Il n'y a qu'un Merlin coupable. Renvoi devant la cour d'assises du département de la Haute-Marne.

ARRÊT DU 8 AVRIL 1842.

—

Lopez & autres.

Lopez, Alcaras et deux autres sont déclarés coupables d'avoir, le 24 avril 1841, commis une tentative de vol sur Victor Léonard avec circonstances aggravantes et réunion des quatre individus.

Ils sont condamnés à huit ans de travaux forcés.

Garcin est convaincu du même crime, et ainsi il se trouve cinq individus condamnés, quoiqu'il n'y ait que quatre voleurs. Révision.

ARRÊT DU 30 DÉCEMBRE 1842.

—

Didier.

Jean-Pierre Didier est condamné à *cinq* ans de travaux publics, le 13 juillet 1841, comme déserteur du 12me régiment d'infanterie de ligne.

Un autre Jean-Pierre Didier est condamné à *trois* ans de travaux publics, le 18 octobre 1841, comme coupable du même fait de désertion.

Le procureur général Dupin qui conclut à la révision dit : Il y a équité à l'égard des condamnés, mais l'honneur de la justice y est aussi intéressé.

ARRÊT DU 11 JANVIER 1844.

—

Macrez.

Macrez *avoue* que dans la nuit du 16 au 17 août 1843 il s'est introduit dans l'église de Salperwich, qu'il a forcé deux troncs et en a enlevé un troisième. Il est condamné par arrêt du 14 novembre 1843 à cinq années de réclusion.

Cependant un précédent arrêt avait condamné Houillier et Hylse, l'un à cinq ans de travaux forcés et l'autre à deux ans de prison pour le même fait commis dans la même nuit.

Dénonciation des deux arrêts à la cour de cassation, quoiqu'il ne résulte pas des procédures la preuve que le crime a été commis par un ou par deux individus.

ARRÊT DU 10 MAI 1850

Affaire Philippi — Francesconi.

Le 19 janvier 1849 la Cour d'assises du Var acquittait Philippi et condamnait Francesconi aux galères à perpétuité.

Voici dans quelles circonstances.

Une femme Milani, surnommée la Parigina, avait été assassinée et volée à Bastia. Le 27 mars 1843 Philippi avait été condamné aux galères à perpétuité comme coupable de ce crime. On lui avait appliqué les circonstances atténuantes.

Les charges contre lui résultaient de ce que Philippi, qui fréquentait cette maison pour cause de libertinage avait été vu descendant l'escalier à pas de loup et regardant autour de lui d'un air effaré.

Philippi fut donc conduit aux galères.

Dans le duché de Lucques une bande de brigands jetait la terreur. La police de ce pays proclama que celui qui les dénoncerait aurait une prime de 2,400 fr., et que si c'était un des brigands il aurait sa grâce.

Francesconi, l'un des brigands, usa de l'offre qui lui était faite.

Le procès de ses camarades fut instruit, et dans cette instruction un homme de la bande, Bartholomey, déposa que Francesconi lui avait confié un projet de vol et que Francesconi l'avait consommé, lui second, en étranglant avec une grande facilité la Parigina déjà âgée.

Cette déposition fut confirmée par un autre *ami* de Francesconi qui avait été confident du meurtre et *qui avait conseillé à Francesconi de s'en confesser*.

Enfin Francesconi avait été assez imprudent pour s'en vanter à Bedini, capitaine de carabiniers.

L'extradition de Francesconi fut demandée par la France. Elle fut accordée en 1847. On le trouva à Rouen où il avait encore subi une accusation dont il était sorti acquitté.

Il y avait donc lieu à révision. Philippi et Francesconi furent renvoyés devant la Cour d'assises du Var.

Sur l'interpellation du président, Francesconi s'écria qu'il était innocent comme le Christ sur la croix.

Il fut condamné aux travaux forcés à perpétuité.

Philippi fut acquitté, mais il avait passé six ans aux galères. Heureux qu'on lui eût appliqué les circonstances atténuantes.

ARRÊT DU 19 JANVIER 1843.

—

Lacroix.

Lacroix, sergent-major, est accusé d'avoir soustrait 400 cartouches dont il avait le dépôt : condamné à quatre mois de prison, il subit sa peine. Sorti de prison, il chercha le voleur, le trouva, c'était Baulié, son homme de confiance, celui-ci est condamné à quatre mois de prison.

La cour de cassation casse les deux jugements, renvoie Lacroix et Baulié devant le même conseil de guerre.

25 avril 1851.

—

Cheminade.

19 septembre 1850, arrestation par la gendarmerie. L'homme arrêté déclare se nommer Pierre Cheminade fils de Jean et de Léonarde et avoir déserté le 22e léger où il était remplaçant ; il spécifie le jour et les circonstances de sa désertion ; au corps où il est envoyé il est reconnu par divers témoins, notamment par deux caporaux, l'un deux dit avoir voyagé avec lui ; il est condamné à l'unanimité par le 2e conseil de guerre de la 7e division militaire à la peine de 5 ans de boulet. Le jugement reçoit exécution.

Cependant un autre soldat qui avait été arrêté *dès le 26 juillet* 1850 déclare aussi se nommer Pierre Cheminade, il est reconnu que c'est vraiment à lui déserteur qu'appartient ce nom. Le premier à menti; il s'appelle *Rabotin* et il l'avoue, les témoins se sont trompés. Le véritable Cheminade est condamné à 5 ans de boulet le 21 février 1851. Il n'y a qu'une désertion. Révision et renvoi.

Nota. Ainsi Rabotin paraît avoir *profité* de sa ressemblance avec Cheminade pour se faire arrêter comme déserteur. On ne comprend pas le mot de cette énigme.

---

9 NOVEMBRE 1855.

Pagès Aussal.

Barthe pris de vin insulte un gendarme qui l'arrête et le relâche. Le gendarme conte le fait à Garrigues et Aussal qu'il rencontre. L'adjoint Garrigues, qui sans doute en voulait à Barthe, *charge* Aussal d'aller lui donner *une raclée*. Aussal déguisé va donner des coups de bâton à Jérémie et à Barthe. Pagès est soupçonné, Barthe le reconnaît pour le coupable. Garrigues et Escoute portent un faux témoignage contre lui. Pagès est condamné à un an de prison.

Pagès protestait de son innocence. Escoute dont Aussal avait pris les habits fait des aveux.

Aussal, Escoute et Garrigues sont traduits en justice. Le premier est condamné à sept

1847—1855

—

Affaire Lesnier.

Au hameau du Petit-Massé, commune de Fein, département de la Gironde, un vieillard nommé Gay, âgé de 72 ans, habitait une chétive masure, isolée sur un petit plateau planté de vignes. Dans la même commune Jean-François-Dieudonné Lesnier était instituteur primaire. Son intelligence était remarquable, mais sa conduite n'était pas sans reproche; il a dit de lui-même dans un écrit qu'il a publié plus tard : J'ai bien souvent offensé Dieu, mais je n'ai pas commis de crimes.

Lesnier, qui d'ailleurs était obéré et n'aurait pas dû l'être, prit à rente viagère le petit bien de Gay pour 6 francs 75 centimes par mois.

Le 16 novembre 1847 Gay fut trouvé mort, gisant à terre, à côté d'une assiette vide. Un incendie commencé chez lui avait consumé un appentis, on était arrivé à temps pour sauver le reste. Lesnier parut être le seul qui pût avoir intérêt à un meurtre ; et cependant, comme le fit observer son honorable défenseur, devait-il brûler ce qui lui appartiendrait bientôt ?

Le véritable auteur du crime était Lespagne, tonnelier, habitant du même bourg, qui dans une querelle avec Gay sur le nombre des barriques qu'il emportait, l'avait frappé d'un coup de marteau, l'avait tué et avait mis le feu au bâtiment pour dissimuler le crime.

Plusieurs circonstances se réunirent pour charger Lesnier. Le curé, le maire déposèrent d'une manière défavorable. Quelque temps après son arrestation une nouvelle plainte fut portée contre lui. Daignaud était débiteur de Lespagne d'une somme de 45 fr. Lespagne lui promit sa libération s'il consentait à déclarer qu'il avait été attaqué le 21 novembre par deux hommes qu'il reconnaîtrait être Lesnier père et Lesnier fils, qu'on avait tenté de le dépouiller, qu'il avait eu sa veste déchirée et qu'il ne s'était tiré de leurs mains qu'avec peine et en frappant l'un des deux de son parapluie. Ce crime allégué paraissait au moins aussi gratuit que le crime principal ; car à quoi bon attaquer ce misérable? Toutefois la plainte entourée d'un certain prestige dramatique produisit de l'effet.

Mais Lespagne fit jouer bientôt un plus puissant ressort, il avait une femme d'une conduite détestable et qu'il avait chassée de chez lui, il lui promit de la reprendre si elle voulait se porter faux témoin contre Lesnier, et elle y consentit, dit-elle plus tard, pour avoir le bonheur de revoir ses enfants.

L'instruction avait appris qu'elle avait

eu des relations adultères avec Lesnier. Elle déclara qu'elle ne lui avait jamais cédé que par force et parce qu'il était armé de pistolets ; que Lesnier lui avait conseillé de plaider en séparation et qu'il lui avait dit qu'il emprunterait 200 fr. pour l'aider dans ce procès ; que Lesnier lui avait dit encore quatre ou cinq jours avant le crime : Dans huit jours Gay ne sera plus en vie ; que Lesnier lui avait proposé de mettre du poison dans la soupe de son mari.

Elle ajoutait, en précisant davantage son accusation, que Lesnier fils se plaignant de ce que Gay n'entrait pas à l'hôpital lui avait dit (à elle femme Lespagne) huit jours avant le crime : Oh ! il n'est pas bien vigoureux ; *un bon coup de marteau l'aura bientôt jeté par terre.*

L'acte d'accusation adoptait complétement ces assertions et attribuait le retard des dépositions venues successivement à la crainte que Lesnier père et Lesnier fils avaient imprimée au pays.

La défense fut habile et vigoureuse. Elle était confiée à Me Aurélien Gergères ; il fit ressortir l'invraisemblance de la déposition de Daignaud. Les propos de Lesnier sur la mort prochaine de Gay, âgé de 72 ans, sont sans valeur. La femme Lespagne s'y est reprise à cinq fois pour composer sa fable. C'est d'ailleurs par toute sa conduite une femme indigne de foi. L'avocat discute les contradictions ou les singularités de cette déposition. Par malheur il n'était pas du tout sur la voie du vrai coupable et il n'attribuait sans doute qu'à une animosité qui pouvait se comprendre, l'acharnement de Lespagne et de sa femme contre Lesnier père et Lesnier fils.

Enfin l'honorable avocat accable de son mépris cette femme qui ose dire qu'elle a cédé à la force, elle connue par ses débordements adultères.

La femme Lespagne quitta l'audience, et les esprits prévenus en firent peut-être un grief à l'auteur de cette apostrophe. Lesnier père fut acquitté. Le malheureux Lesnier fils fut déclaré coupable de l'assassinat, et de l'incendie. Des circonstances atténuantes furent admises, on prétend qu'elles ne passèrent qu'à la majorité d'une voix.

J'avoue que j'ai des préventions contre les circonstances atténuantes dont on fait un usage ridicule; mais en voyant cet exemple, je leur rends grâces.

Lesnier fils fut condamné aux travaux forcés à perpétuité.

L'arrêt prononcé, Lesnier père s'approche de son fils qui est resté comme hébété, une larme dans les yeux; il lui serre rudement la main et lui dit : Va, mon fils, ton père te reste.

Mais ce découragement, cet abattement de Lesnier fils ne dura pas; au contraire et à partir de ce jour, il s'honora par une fermeté, un courage, une résignation exceptionnels.

Et cependant quel supplice ! Parlons d'abord du supplice matériel. Dans la brochure dont nous avons déjà parlé Lesnier le décrit ainsi :

« On me fit coucher sur la souche; c'est » une pince de bois longue et épaisse de » 50 centimètres. La jambe est tirée tout » contre une grosse enclume; au-dessus » de la cheville on place une manille ou » anneau en fer que l'on rive à froid au » moyen de deux boulons. Dans la manille » est placée une chaîne à neuf maillons » longue d'un mètre cinquante centimètres » environ; le tout pèse deux kilogrammes » 500 grammes. »

Voici maintenant le commencement du supplice moral ou plutôt il a commencé au moment de la condamnation :

« La salle contenait environ 500 hommes » les uns montés sur les bancs, d'autres

» secouant leurs chaînes, certains criant,
» blasphémant ; je crus être arrivé en enfer,
» j'éprouvais de ces serrements de cœur et
» de ces angoisses qu'il est impossible de
» décrire ; je crois que j'aurais étouffé si
» les larmes n'étaient venues à mon se-
» cours ; alors il me fut doux de pleurer,
» car mon malheur était au comble. »

Onze mois durant Lesnier supporta ce triste régime, il se jeta dans les bras de la religion et seule elle lui apporta quelque consolation.

Même au bagne on reconnut son mérite, il fut employé comme écrivain.

Mais les forçats de Rochefort furent *versés* dans le bagne de Brest. Là Lesnier retomba dans son affreuse condition.

Un mois après, recommandé par le commissaire de marine de Rochefort à son collègue de Brest, il devenait de nouveau *écrivain*. Mais sa santé avait dejà supporté de rudes assauts.

Cependant ce père qui avait dit à son fils : *Ton père te reste*, ne négligeait pas la mission qu'il s'était donnée à lui-même. Il avait recueilli des propos imprudents, des demi-preuves. Il rôdait, il écoutait, il combinait ses soupçons ; il devinait ce qu'il ne savait pas. Il parvint à convaincre le nouveau procureur impérial de Libourne, M. Charaudeau, que Lesnier fils n'était pas le coupable, que c'était Lespagne, et au moment où Lesnier fils allait être embarqué pour Cayenne, libre de fers, faveur qu'il avait demandée et obtenue, arrivait un ordre de suspendre son départ et M. Charaudeau faisait une descente au village du Fein pour interroger ses habitants.

La fraude et le mensonge de Daignaud furent les premières choses démontrées.

La femme Lespagne fut ensuite vivement interpellée et confrontée à des témoins qui lui avaient formellement entendu déclarer la culpabilité de son mari. Elle fut convaincue de mensonge sur toutes les charges qu'elle avait inventées contre Lesnier. Leur commerce adultérin était réel, mais elle n'avait pas moins de torts que lui et peut-être en avait-elle plus.

Un témoin avait entendu une conversation entre Lespagne et sa femme. Ils se reprochaient mutuellement d'avoir envoyé Lesnier aux galères.

Lespagne avait dit devant trois témoins qui lui disaient les soupçons formés contre lui : Je m'en f... pas mal ; tant que Sarrasin (c'était le maire) et son fils vivront, je n'ai rien à craindre.

Mallefille, filleul de Lespagne, savait tout, et avant de mourir (peut-être du poison) il avait tout révélé à sa mère qui en déposait.

Enfin, il échappa à Lespagne de dire au juge interrogateur : Ce n'est pas avec un marteau que je l'ai tué. C'était le commencement d'un nouveau système. Il prétendit que Gay était mort par accident, que lui Lespagne l'avait poussé, que ce vieillard était tombé et que Lespagne était parti sans croire que cette chute dût amener la mort.

Le 23 août 1854 Lesnier père arrive au bagne de Brest; il crie : Ils sont arrêtés, ils ont fait des aveux. Ah! tant mieux, dit Lesnier fils, je mourrai tranquille.

Le 25 ses fers furent brisés; l'émotion fut trop forte, il tomba malade de fièvre chaude.

Remis de cette atteinte, il partit quelques jours après. Il passa un mois en route.

Rentré dans ce palais de justice qu'il connaissait si bien : Je frémissais, dit-il, en songeant que peu s'en était fallu que ma tête n'y restât.

Le 12 mars 1855 s'ouvrit devant la cour d'assises de la Gironde le procès des époux Lespagne et de Daignaud.

Daignaud fait un aveu complet. Les époux Lespagne rétractent les leurs.

M. le juge de paix paraît croire que Gay est mort par accident, ainsi que le prétend Lespagne.

De nouvelles preuves de la dignité que Lesnier fils conserve dans le malheur sont produites à messieurs les jurés dans la correspondance de Lesnier avec son honorable avocat.

Le maire est convaincu d'avoir dissimulé des faits qui pouvaient faire connaître le vrai coupable. Il reçoit du président des assises une verte réprimande.

Ce que n'avaient pu obtenir les instances des magistrats, la loyauté d'un avocat sut l'obtenir. Il était dit que cette affaire serait une source de gloire pour le barreau.

« Me Princeteau commença ainsi sa plaidoirie. Lesnier est innocent. Ceux qui hier le croyaient en seront sûrs aujourd'hui. Cette certitude ils la devront à Lespagne. Hier soir avec d'abondantes larmes il a versé ce terrible secret dans le sein de ses parents, de ses amis, de ses conseils. »

Le jury prit pour base de son verdict cet aveu de Lespagne. Il le déclara coupable de blessures ayant occasionné la mort, sans avoir intention de la donner, coupable de plus de subornation de témoins. La femme Lespagne et Daignaud furent déclarés coupables de faux témoignage. Des circonstances atténuantes furent admises à l'égard de tous trois. Tous trois furent condamnés à vingt ans de travaux forcés.

L'arrêt Lesnier devait être déféré à la cour de cassation par deux motifs : 1° parce qu'il avait été rendu sur faux témoignage ; 2° parce que les condamnations de Lesnier et de Lespagne étaient inconciliables. Ennemis jurés, ils ne pouvaient être complices.

La cour de cassation annula donc l'arrêt Lesnier et pour l'inconciliabilité des deux condamnations renvoya devant un nouveau jury.

Là M. le procureur général près la cour

de Bordeaux signale les faux témoins; il signale aussi les témoins pusillanimes. « Il y a à côté d'eux, des témoins pusillanimes qui, plus jaloux de leur repos que des intérêts de l'innocence, attendent que la vérité ait été dite pour la répéter, qui veulent se cacher, s'abriter derrière des témoins plus hardis et plus courageux; ces pusillanimes font autant de mal à la vérité que de faux témoins.

« Voilà, messieurs, ce qu'il faut qu'on sache certainement. » M. le procureur général adresse la parole à Lesnier : « Lesnier, vous avez été bien malheureux. Si vous avez commis une faute, vous l'avez expiée cruellement et il n'est plus personne qui puisse vous la reprocher, et c'est votre consolation. Je vous ajoute ceci, parce que c'est la vérité et que c'est une satisfaction qui vous est due au nom de la société; il y a des hommes qu'une épreuve comme celle que vous avez subie eût poussés au suicide ou rendus profondément pervers. Vous avez eu le courage de vivre pour votre mère et vous avez eu cet autre mérite de sortir du bagne meilleur que vous n'y étiez entré, digne aujourd'hui de l'estime de tous les gens de bien et par tout ce que vous avez eu à souffrir sans faiblesse et par les nobles sentiments que vous avez montrés dans le malheur. Votre père est là; nous avons voulu l'appeler non pour entendre le récit de ses malheurs, mais pour qu'il fût présent à votre réhabilitation dont il est le premier auteur et qui sera la joie et l'honneur de sa vieillesse. »

La réponse du jury est affirmative sur le meurtre et l'incendie commis par Lespagne, négative sur les faits imputés à Lesnier, Lesnier est acquitté; Lespagne, qui a obtenu des circonstances atténuantes, est condamné aux travaux forcés à perpétuité.

L'Empereur donna un secours de 2,000 fr. à Lesnier fils sur sa cassette, et Lesnier père obtint un bureau de tabac dans la ville de Lyon.

Au commencement de 1857 Lesnier fils fut nommé commissaire de surveillance administrative au chemin de fer du Midi. Le traitement était de 4,000 fr.

Mais il n'en jouit pas longtemps. Le 22 septembre 1858 il mourut à Carcassonne, à peine âgé de 35 ans.

Cet exemple est unique par la longueur du temps qui s'écoula avant la réparation et surtout par l'héroïsme de la victime.

Lesnier avait été la victime d'une coalition haineuse. De paysans à demi sauvages on n'aurait pas attendu tant d'habileté et de constance dans le mensonge. Lesnier leur était supérieur; il était étranger au pays; ils consentirent à le perdre pour sauver un des leurs. Ils furent secondés par la partialité révoltante de l'instruction locale.

ARRÊT DU 19 NOVEMBRE 1857.

Métreau.

Métreau est accusé de tentative d'assassinat sur la personne de Guiberteau. Un témoin, la fille Lhomme, déclare qu'elle a vu deux hommes dans le bois, que l'un des deux reconnu par elle pour être Lafond a tiré le premier coup, que le second que Lafond a appelé Métreau a tiré le second coup. Métreau est condamné à la peine des travaux forcés à perpétuité; il est d'ailleurs reconnu coupable de faux. L'arrêt est du 15 février 1857. Lafond est reconnu absent du lieu où le crime a été commis.

Le 15 juin 1857 la fille Lhomme est condamnée comme faux témoin à six années de réclusion.

Révision de l'accusation contre Métreau seulement en ce qui touche l'assassinat.

ARRÊT DU 30 NOVEMBRE 1860.

—

Il cassa le jugement rendu, le 8 septembre 1858, par le deuxième conseil de guerre d'Oran comme incompatible avec le jugement du deuxième conseil de guerre d'Oran du 6 septembre 1858. Le dernier de ces deux jugements déclarait trois témoins coupables de faux témoignages à charge contre trois accusés qui avaient été condamnés le premier à cinq ans de réclusion et les deux autres à dix ans de travaux forcés comme coupables de faux et de complicité de faux.

29 NOVEMBRE 1862.

—

femme Gaudin, Vanhelwyn, Verhamme.

Cette affaire d'une nature inouïe par les sentiments de ceux qui y ont figuré, par les révélations qu'elle a produites et bien faite d'ailleurs pour faire trembler ceux qui doivent décider de la vie des hommes, a eu un retentissement qui ne s'est pas encore affaibli. Martin Doise, vieillard de soixante-cinq ans, vivant isolé et pauvre, quoique le peu qu'il avait excitât la cupidité de ses enfants, a été assassiné à coups de pioche le 18 janvier 1861.

Des propos menaçants, et coupables tenus sur son père par la femme Gaudin, fille de Martin Doise, la firent immédiatement soupçonner.

Son propre mari, loin de la disculper, joignit son témoignage à ceux qui l'accusaient.

Quant à elle, elle commença par nier. L'énormité d'un parricide reproché à une femme dont on n'entendait peut-être pas bien le langage, car elle ne parlait et n'entendait couramment que le flamand, excita trop vivement le zèle de ceux qui instruisaient l'affaire. La femme Gaudin fut mise pendant un mois au secret. Elle était enceinte de quatre mois. Voici comment son avocat a décrit sa prison : « un espace resserré de deux mètres 15 centimètres sur deux mètres 50 centimètres et trois mètres de hauteur, éclairé et aéré par une lucarne large d'une brique carrée, ouverte au-dessus d'une double porte donnant sur une espèce d'antichambre éclairée par une fenêtre. C'est par là que l'air arrivait et se renouvelait avec insuffisance. Pour couchette la femme Gaudin avait une paillasse et une couverture, c'était au cœur de l'hiver ; pour tout mobilier le baquet, l'immense baquet qu'on retirait deux fois par jour ; et s'il est vrai, ajoutait l'avocat, que la paillasse était enlevée pendant le jour et que la femme Gaudin était obligée de se tenir debout ou couchée par terre, jugez de sa position. »

La femme Gaudin ne put résister à cette torture ; elle pensa, on lui disait qu'elle pourrait améliorer sa captivité par des aveux. Elle voulut, a-t-elle dit, sauver son enfant. Elle s'avoua coupable.

Elle ne réussit pas, car elle accoucha un mois avant terme, et elle perdit son enfant au bout d'un mois.

Ce qu'il y a de plus étonnant, c'est qu'elle renouvela ces aveux aux débats et qu'elle créa contre elle-même une fable plus ou moins accusatrice, tantôt disant qu'elle avait soutenu une lutte mortelle contre son père et qu'elle avait emporté sa montre, tantôt alléguant qu'elle l'avait frappé sans le tuer.

Le 12 août 1861, elle fut condamnée aux travaux forcés à perpétuité.

Cependant la femme d'un nommé Vanhelwyn dénonçait son mari déjà coupable d'un assassinat, comme le véritable assassin de Martin Doise, de complicité avec Verhamme.

Tous deux avouaient l'assassinat, mais chacun d'eux le rejetait sur l'autre.

Ils furent condamnés l'un à mort (Vanhelwyn); à l'égard de Verhamme, on admit des circonstances atténuantes.

L'affaire revint devant la cour d'assises de la Somme, chargée de concilier ou de rectifier la double condamnation.

La femme Gaudin repoussa l'accusation avec beaucoup d'énergie et de chaleur, quelquefois même avec des larmes.

On a remarqué, lui disait le président, des taches de sang sur vos vêtements, des experts ont constaté que c'était du sang.

C'était de la suie, répondait l'accusée, et non du sang. Il y avait peut-être quelques gouttelettes du sang; je m'étais égratigné la main.

Demande. Comment se fait-il que vous vous soyez avouée coupable?

Réponse. Monsieur le juge d'instruction (elle était interrogée par interprète) m'a fait menace de me jeter dans un trou noir, j'étais enceinte, j'ai voulu sauver mon enfant.

Elle avoua qu'elle avait eu des débats avec son père, après la mort de sa mère; mais, ajouta-t-elle, on peut plaider avec son père sans l'assassiner.

Verhamme renouvela ses aveux et proclama l'innocence de la femme Gaudin.

Vanhelwyn renouvela son système. Il était resté à la porte, tandis que Verhamme assassinait.

La femme Vanhelwyn confirma sa déposition accablante pour son mari.

Le procureur général combattit les circonstances atténuantes appliquées à Verhamme par la cour d'assises du Nord.

Il déclara qu'il conservait des doutes sur la femme Gaudin.

Ces doutes furent éloquemment combattus par Me Lambert de Beaulieu, avocat de l'accusée.

Le président fit son résumé.

La femme Gaudin, dit-il, n'a pas à se glorifier, il est toutefois un succès dont elle peut se féliciter. Au moyen de la condamnation aujourd'hui tombée et de la détention d'une année qui l'a suivie, elle échappe aux conséquences légales de ses violences envers son père.

Vanhelwyn fut condamné à la peine de mort, Verhamme aux travaux forcés à perpétuité.

La femme Gaudin fut acquittée.

Quelques jours après le gardien chef des prisons d'Hazebrouk et la surveillante des femmes furent révoqués de leurs fonctions.

Le procureur impérial et le sous-préfet d'Hazebrouk firent assainir le cachot.

Que de réflexions à faire sur ce procès ! quelle cupidité cynique ! quelle inhumanité sauvage dans ce mari de la femme Gaudin dans cette épouse de Vanhelwyn ! quel piége tendu à la justice dans cet aveu d'un parricide par une femme innocente de ce crime ! et quel reproche à se faire si on a exercé une pression trop forte qui ait déterminé ce prétendu aveu !

---

9 DÉCEMBRE 1862.

Cour d'assises de la Corse.
Renosi & Simoni.

Dans un conflit électoral tel qu'on en voit en Corse, un coup de pistolet est tiré au milieu de l'obscurité, la balle frappe Filippi, il succombe. Blasi un des témoins de la lutte, déclare reconnaître Renosi pour l'auteur de l'attentat. Renosi traduit à la cour d'assises proteste énergiquement de son innocence. Patricius de Corsi appuie la déposition de Blasi. Renosi est condamné à vingt ans de travaux forcés.

Mais d'autres témoignages recueillis plus tard donnent la certitude que Simoni est le vrai coupable et qu'il a agi ainsi *pour venger* (la vendetta) son cousin Pancrasi attaqué par Renosi. Plusieurs fois Simoni lui-même avait avoué sa culpabilité. Cependant aux débats il se prétendit innocent et les deux témoins qui avaient fait condamner Renosi persistèrent.

L'obscurité, dit M. le procureur général Bédarrides, a pu tromper les témoins. D'ailleurs ils ne sont pas tout à fait d'accord entre eux.

Le défenseur de Simoni plaida qu'il y avait un concert coupable entre les témoins qui chargeaient son client. Celui-ci, après quelques minutes de délibération du jury, fut condamné à vingt ans de travaux forcés.

NOTE PREMIÈRE.

Procès du connétable de Bourbon (page 1).

L'histoire a revisé un assez grand nombre de procès criminels; ils ne se placeront qu'incidemment sous notre plume. Ceux dont nous voulons nous occuper sont les procès dont la révision a été réelle ou réellement demandée. Ce travail nous paraît quelque chose d'utile pour la magistrature et le barreau, surtout si notre examen nous conduit à trouver par quels vices de la procédure criminelle ces erreurs judiciaires se sont commises. Pour arriver là nous interrogerons avec soin la législation et les détails qui nous ont été transmis sur son application.

La révision existait dans l'antiquité. Solon, dit Montesquieu, *Esprit des lois*, sut bien prévenir l'abus que le peuple pourrait faire de sa puissance dans le jugement des crimes; il voulut que l'aréopage revît l'affaire, que s'il croyait l'accusé injustement absous, il l'accusât de nouveau devant le peuple, que s'il le croyait injustement condamné, il arrêtât l'exécution et lui fît réjuger l'affaire, loi admirable qui soumettait le peuple à la censure de la magistrature qu'il respectait le plus et à la sienne même.

NOTE DEUXIÈME.

Procès du connétable de Bourbon (page 1).

En remontant plus haut, on ne trouverait que des procédures latines ou gauloises, puisque jusqu'au règne de François Ier, le latin était la langue du palais. Du reste la révision a toujours existé sous notre monarchie. On lit dans le discours préliminaire placé par M. Pardessus en tête des Ordonnances des rois de France : « Si on alléguait une violation de la loi, le » roi, législateur suprême et essentiellement conserva» teur de l'intégralité des lois, prononçait la cassation » de l'arrêt et donnait d'autres juges aux parties. Cet » usage remonte à une constitution de Clotaire en 550 » et fut reproduit dans l'art. 12 de l'ordonnance de » 1302. »

NOTE TROISIÈME.

Procès de l'amiral Brion-Chabot (page 30).

La confiscation était une ressource pour l'État et un appât pour les courtisans, à qui les biens confisqués étaient souvent dévolus, double motif pour qu'on spéculât sur les condamnations. Néanmoins, comme elles profitaient quelquefois à la partie lésée ou à sa famille, la confiscation a trouvé des partisans. Voyez Muyart de Vouglans.

Du reste la confiscation n'avait pas lieu dans les pays de droit écrit, si ce n'est dans le ressort du parlement de Toulouse ; elle n'était pas prononcée non plus dans le Bourbonnais, le Berry, le Maine, le Poitou, la Bretagne.

Le droit romain n'avait pas été suivi par les usages français ; car la loi 10 au code, *De bonis proscriptorum et damnatorum*, adjugeait les biens des condamnés à leurs enfants, et au défaut des enfants à leurs parents jusqu'au troisième degré.

NOTE QUATRIÈME.

Procès des Vaudois de Cabrières et Mérindol en Provence (page 35).

Avant d'étaler le triste spectacle des supplices employés sous l'ancienne monarchie, il est peut-être bon de rechercher les principes ou plutôt la confusion des principes qui existait alors. En premier lieu les peines étaient arbitraires ; elles semblaient écrites dans les lois, mais les parlements les modifiaient ou les suppléaient à leur gré. Nous aurons occasion de signaler plusieurs de ces peines inventées par les parlements. Ce qu'il y a de remarquable, c'est que quand on voulut changer cet ordre de choses, ses partisans s'étonnèrent que ce fût au nom de l'humanité ; car, disaient-ils, l'arbitraire des peines était utile à l'accusé ; mais Montaigne, qui a précédé les réformes sur beaucoup de points, écrivait : « Et si avons tant laissé à décider et » opiner à nos juges qu'il ne fut jamais liberté si puis- » sante et si licencieuse. »

Un second motif qui paraît avoir dicté les jugements de cette époque, c'est le besoin extrême que ressentaient les juges d'avoir l'aveu de l'accusé. De là ces tortures qui produisaient souvent des aveux ! Mais, quels aveux ! Ce besoin était si grand que les sentences condamnaient les accusés à faire avant l'exécution de leur condamnation l'aveu public de leurs crimes. Cependant, par une contradiction étrange, les accusés étaient souvent condamnés comme *véhémentement suspects.*

Dans la belle histoire de Jeanne d'Arc par M. Vallon on peut voir les efforts que firent les juges pour obtenir d'elle la reconnaissance de *ses fautes.*

Quand Beccaria attaqua la torture, on répondit : Elle existe chez tous les peuples; mais elle fut abolie en Allemagne, en Suède, en Piémont, en Prusse avant de l'être en France. A Louis XVI revient l'honneur immortel d'avoir aboli la question préparatoire en 1780 et la question préalable en 1787.

Je crois aussi que ce qui rendait la loi et la magistrature plus cruelles, c'était leur impuissance à atteindre les criminels. A vrai dire la police n'existait pas.

Le règne de François Ier, qui fut en général si fatal à la justice, s'honore du moins par une bonne institution, celle des *grands jours*, que les mœurs de la féodalité rendaient nécessaires. Les *grands jours* avaient pour fin et pour but de remédier aux violences des nobles et aux malversations des officiers ordinaires. On tire du parlement, dit d'Aguesseau, un certain nombre d'officiers de *toute sorte* pour composer une chambre qui va au lieu marqué dans la partie la plus éloignée du ressort. Cette chambre envoyait des commissaires particuliers en différents lieux pour recevoir les plaintes et faire les enquêtes. Fléchier nous à laissé le journal des grands jours de Poitiers tenu en 1660. Il y eut 273 contumaces condamnés au gibet, 96 au bannissement, 44 à décapitation, 32 à la roue, 28 aux galères.

Mais ce n'était pas encore là la vraie police auxiliaire,

Elle ne commença que sous Louis XIV ; de la Reynie et d'Argenson en firent les inaugurateurs. Jusques-là, ainsi que l'attestent les vers de Boileau, les voleurs, les assassins frappaient impunément dans les ténèbres. C'est par degrés que la police est devenue réellement l'adversaire du crime. Encore en 1721 la procédure qui eut lieu pour le procès de Cartouche révéla que Bourbon, lieutenant de la compagnie du lieutenant criminel en robe courte, faisait contribuer les voleurs qu'il connaissait en leur donnant, moyennant finances, *des permis de séjour.*

Nos rois juraient d'*exterminer* l'hérésie. Mais ce mot *exterminer* n'aurait-il pu s'entendre de l'exil ? Ce qu'il y a de certain, c'est que Fénelon n'avait pas égard à ce serment lorsqu'il écrivait (*Examen des devoirs de la royauté*) : Ne forcez jamais vos sujets de changer de religion. Nulle puissance humaine ne peut forcer le retranchement impénétrable de la liberté du cœur. La force ne peut jamais persuader les hommes ; elle ne fait que des hypocrites. Quand les rois se mêlent de religion, au lieu de la protéger, ils la mettent en servitude. Accordez à tous la tolérance civile, non en approuvant tout comme indifférent, mais en souffrant avec patience tout ce que Dieu souffre et en tâchant de ramener les hommes par une douce persuasion. Le souverain ne peut exiger la croyance intérieure de ses sujets sur la religion, il peut empêcher l'exercice public ou la profession ouverte de certaines formules, opinions ou cérémonies qui troubleraient la paix de la république, par la diversité et la multiplication des sectes; mais son autorité ne va pas plus loin.

NOTE CINQUIÈME.

Procès d'Oudart de Biez, maréchal de France et de Jacques Coucy de Vervins, son gendre (page 49).

Si Lhôpital a été en effet rapporteur dans cette affaire, ce dont on voudrait douter, il le fut immédiatement après son retour du concile de Trente où il avait été envoyé comme ambassadeur et d'où il revint à la fin de 1548.

Ce procès a dû augmenter encore son aversion pour la magistrature, aversion qu'il exprime si vivement dans son épître au chancelier Olivier. « Je vais donc » retourner chez moi, reprendre les fonctions que j'a- » vais quittées et trancher des procès, besogne odieuse. » Il n'en serait pas ainsi si tu pouvais me trouver propre » à quelque autre emploi, car les procès répugnent à ma » nature; je désire un noble repos et je suis ami de la » paix. Ce n'est pas que je veuille faire le beau et m'as- » seyant devant ma porte sur un fauteuil d'ivoire, re- » garder les passants ou recueillir les commérages ré- » pandus dans la ville. Ce que je voudrais, c'est de par- » tager ainsi mon temps; j'en donnerais la plus grande » part à la république, une certaine part à la muse, » noble enfant de Jupiter. Je laisserais pour toujours » les Baldes, les Paul, les Jasons, s'ensevelir dans la

» poussière; et m'employant avec toi à de plus nobles » occupations, je voudrais représenter le roi comme » ambassadeur, soit à Rome, soit près de nos alliés. » Enfin j'aimerais mieux tout que de juger des procès et » de régler les querelles et les divisions du peuple. »

NOTE SIXIÈME.

Procès de Calas (page 68).

Le pouvoir des capitouls dans la ville de Toulouse remontait haut. Nous lisons dans une ordonnance du 19 octobre 1283, dit M. Pardessus, que les consuls de Toulouse sont les juges de tous les crimes commis dans ladite ville. Voici les termes de l'article 4 : « Ordinamus ut de cætero præfati consules de omnibus et singulis criminibus Tolosæ perpetratis sive commissis » et de omnibus quæ ad agnitionem et judicium eorum » pertinere videbuntur præsenti vicario nostro Tolosæ » non tamen partem judicis obtinent, cognoscant et » judicent. »

Nous voulons du reste que lesdits consuls aient la connaissance et le jugement de tous les crimes et de chacun des crimes tentés ou commis dans la ville de Toulouse et qu'ils embrassent tout ce qui paraîtra intéresser la connaissance et le jugement desdits crimes, en présence de notre lieutenant de Toulouse, mais sans qu'il remplisse les fonctions de juge.

NOTE SEPTIÈME.

Procès de Lally (page 77).

Parlerai-je d'Iris, chacun la prône et l'aime;
C'est un cœur, mais un cœur! c'est l'humanité même.
Que d'un pied étourdi quelque jeune éventé
Frappe en courant son chien qui jappe épouvanté,
La voilà qui se meurt de tendresse et d'alarmes.
Un papillon souffrant lui fait verser des larmes;
Il est vrai; mais aussi qu'à mourir condamné,
Lally soit en spectacle à l'échafaud traîné,
Elle ira la première à cette horrible fête
Acheter le plaisir de voir tomber sa tête.

(GILBERT, *Satires*.)

Voilà la fiction satirique. Voici maintenant la vérité historique. C'est le récit de M. Lally-Tollendal, mais on ne peut croire qu'il ait rien inventé. Dans sa discussion de la correspondance de son père, il parle de la comtesse de la Guiche et il dit : Elle ne s'est pas tue, cette femme dont on citait la franchise altière, la sensibilité courageuse et l'amitié sublime, cette femme qui aux grâces et aux vertus de son sexe joignait l'énergique et intrépide probité du nôtre, avec toute la noblesse du sang qui coulait dans ses veines; cette femme enfin qui dans l'instant fatal où l'arrêt de mort venait d'être rendu courait à la tête des parents et des amis de mon père, chez le chef de la commission, repoussait un bras qui s'offrait à elle en s'écriant qu'elle ne voulait pas d'un bras trempé dans le sang innocent, forçait les barrières qu'on lui opposait et non pas en suppliant, mais en tonnant contre l'iniquité du jugement, arrachait du premier juge tremblant un délai de trois jours.

Du reste il n'est que trop vrai que les supplices sont des spectacles.

> Étrange empressement de voir des misérables!

a dit un poëte, mais cet empressement paraîtra moins étrange si l'on considère qu'à défaut de batailles, les procès criminels sont pour le peuple toute l'histoire contemporaine, qu'il a presque toujours un parti pris dans ces procès et qu'il vient s'assurer que justice est faite et que l'égalité existe devant la loi. C'est sa seule manière de contribuer à l'administration de la police et de la justice.

FIN.

TABLE DES MATIÈRES

DÉCRETS ET JUGEMENTS RÉVOLUTIONNAIRES.

Paris. — Impr. de E. DONNAUD, rue Cassette, 9.

www.ingramcontent.com/pod-product-compliance
Ingram Content Group UK Ltd.
Pitfield, Milton Keynes, MK11 3LW, UK
UKHW020112200726
13856UKWH00002B/506